Por favor, sea feliz es un libro que le dará todas las bases para que usted sea dichoso, viva alegre y aprenda a gozar cada momento de su existencia.

El autor, caricaturista de profesión, describe las mil y una formas de obtener la felicidad cotidiana, tanto en la salud como en los achaques, en la pobreza o en la opulencia, en compañía o en soledad, y reflexiona acerca del amor, el dolor, la familia, las ansiedades, la sabiduría natural de los niños y la dicha.

La fórmula de la felicidad está en nosotros mismos, pero para obtenerla hay que estar alertas, mejorar nuestros puntos de vista y estar dispuestos a hallar, en todo momento, el menor pretexto para ser feliz.

La dicha cuesta muy poco. Usted la tiene en sus manos: decídase y, por favor, sea feliz.

iN A NUTSHELL = "EN SÍNTESIS" PERO
TAMBIÉN: "EN UNA CÁSCARA DE NUEZ".

ANDREW MATTHEWS

SELECTOR
actualidad editorial

POR FAVOR, SEA FELIZ
Being Happy!

Traducción: Manuel Brito

Copyright © 1988 by Andrew Matthews
Ilustraciones: Andrew Matthews
Publicado mediante acuerdo con Media Masters Publishers
D.R. © 1991, Selector, S.A. de C.V.
Mier y Pesado 128, Col. del Valle, 03100 México, D.F.

Portada: Gráfica Iconos, S.A. de C.V.

ISBN-13: 978-968-403-545-4   **4 (rústica)**
ISBN-10: 968-403-545-4   **0 (lujo)**

Quincuagésima segunda reimpresión. Diciembre de 2007.

Contenido

Capítulo 1

PATRONES

La vida cambia cuando nosotros cambiamos.

PATRONES

Veamos cómo funciona tu mente. Cuando atraviesas la carretera, ¿tienes que concentrarte en cada uno de tus pasos? Cuando mascas chicle, ¿tienes que pensar en ello? Cuando comes pizza, ¿tienes que elaborar toda una estrategia para digerirla? ¿Acaso piensas: "en cuanto termine con esta rebanada podré retirarme a dormir"? Cuando duermes, ¿tienes que concentrarte para seguir respirando?

Ninguna de estas actividades se desarrolla conscientemente; en realidad, las llevamos a cabo con el subconsciente. Puede decirse que la mente es como un iceberg. Existe una porción visible, el consciente; y otra oculta, mucho mayor, el subconsciente. Nuestra mente subconsciente es responsable de buena parte de los éxitos y fracasos que logremos en la vida.

El hecho de que ciertas conductas nuestras se repitan todo el tiempo, se debe al subconsciente. Muchos de nosotros presentamos patrones de vida recurrentes; una experiencia pasada, o un mismo comportamiento, se manifiestan una y otra vez.

¿Conoces a alguien que siempre se retrasa? Yo acostumbraba practicar tenis con un amigo que siempre llegaba tarde. Jugábamos un día a la semana antes de ir al trabajo.

— David, recuerda que mañana a las siete de la mañana tenemos cita para jugar.

— Está bien, a las siete nos vemos —me respondía.

— ¿Vas a llegar a tiempo?

— ¡A las siete en punto!

Naturalmente, al día siguiente David llegaba a las 7:15. Nunca le faltaba una excusa:

— Es que mi hijo tomó mi raqueta y la dejó debajo de su cama, por lo cual yo no la encontraba.

La siguiente semana sucedía lo mismo, David llegaba a las 7:16. La razón:

— ¡Es que no encontraba el otro tenis!

Una semana después se retrasaba 15 minutos.

— Llegué tarde porque se enfermó el pececito y el bebé estaba llorando.

Otras veces eran ponchaduras de llantas, el acumulador del automóvil que se había descargado, las llaves que se habían extraviado o la ropa interior que se había quedado mojada dentro de la lavadora.

Finalmente un día le dije:

— David, vamos a hacer un trato. De aquí en adelante por cada minuto de retraso me vas a pagar un dólar.

¡Al día siguiente se lastimó un hombro y desde entonces no hemos vuelto a jugar!

¡Él estaba convencido de que la impuntualidad no era culpa suya!

No llegaba tarde intencionalmente, pero su subconsciente ya estaba programado y le ordenaba: "Llega siempre tarde"...y ese programa había tomado el control de su vida.

Si por error David se hubiera levantado temprano en alguna ocasión, y hubiera advertido que iba a llegar a tiempo a su cita, su programa interno le hubiera ayudado a encontrar un árbol donde estrellarse, o un camino desconocido donde perderse. En ese momento él hubiera respirado profundamente y su subconsciente hubiera dicho: "¡Qué alivio! Todo ha vuelto a la normalidad".

PATRONES DRAMÁTICOS. Seguramente conoces personas que padecen patrones de vida dramáticos. Sus vidas son dramas interminables. Si te topas con alguien así en la calle y cometes el error fatal de preguntarle ¿cómo estás?, de inmediato

"... Y luego me dio gripe, y la casa se incendió, y nos robaron el automóvil, y a George tuvieron que operarlo, y al gato también le dio gripe..."

te cuenta que el gato acaba de morirse, que el auto se descompuso, que el marido sin querer le prendió fuego a la casa, que un meteorito destrozó el garage y que acaban de diagnosticarle una terrible enfermedad desconocida.

Siempre que la vida de estas personas amenaza con ser apacible, una vocecita subconsciente les dice: "¡Pero qué barbaridad, las cosas no son así!". Y muy pronto surge otro drama. Pierden el empleo, tienen que hacerse otra operación, los arrestan ...y todo vuelve a la normalidad.

Más adelante veremos cómo corregir estos patrones de vida, pero por lo pronto identifiquemos algunos más.

PATRONES DE ACCIDENTE. Ciertas personas tienen un talento especial para accidentarse. Se pasan la vida cayéndose de las escaleras, de los árboles, sufren descargas eléctricas o chocan el automóvil. Conozco a una agente de seguros de veintitantos años de edad, que de los dieciséis a la fecha ha tenido cinco automóviles. En una ocasión me comentó: "Cada vez que me compraba un auto nuevo, alguien me chocaba. Después de tantos accidentes ¡dejé de adquirir automóviles nuevos para no matarme!".

PATRONES DE ENFERMEDAD. ¿Conoces a alguien con un patrón de vida orientado a las enfermedades? Existen individuos que padecen resfriados dos veces al año. Algunas personas se enferman cada vez que se les presenta la oportunidad. ¡Hay quienes se enferman todos los lunes por la mañana!

PATRONES DE DESORDEN.   Existen personas propensas al desorden. No es que se lo propongan conscientemente, ¡pero se trata de un patrón de vida poderosísimo! Tienen el escritorio, los archivos y el pelo hechos un desastre. Si alguien ordena sus cosas, veinte minutos más tarde parecerá que un huracán arrasó la recámara, la oficina, el automóvil y el portafolios.

PATRONES DE QUIEBRA. ¿Conoces a alguien que siempre está quebrado? No es cuestión del dinero que gana, sino de lo que hace con él. Las personas con un "patrón de quiebra" actúan automáticamente. Siempre que tienen dinero adicional buscan la manera de deshacerse de él (lo cual es una maravilla para los vendedores profesionales). Por lo general, no se dan cuenta de lo que ocurre. Se imaginan que la causa de sus problemas es la economía, el gobierno o su salario. Pero aunque ganaran el doble, ¡seguirán estando quebrados! De hecho, la principal razón de que la gente que obtiene un premio en la lotería rápidamente lo pierde todo, es que su programa interno les dice: "Este dinero no tiene razón de ser. Hay que hacer algo al respecto".

PATRONES DE INDISPENSABILIDAD. Si padeces el patrón de la indispensabilidad, eres de los que creen que a los tres minutos de haber salido de vacaciones le va a caer un rayo a la oficina, y les va a dar pulmonía a todos los vendedores al mismo tiempo. Si actuamos con base en este patrón, nuestro sistema de creencias y nuestra actitud contribuirá a crear y perpetuar la situación. En cuanto nos ausentamos, todo se convierte en un caos.

PATRONES DE CAMBIO DE EMPLEO. Un individuo que pensaba cambiar de trabajo vino a verme hace poco.

— Esta compañía me está llevando a la ruina —me dijo—. Nuestros productos son muy mediocres. Ya no me alcanza ni para la renta.

— ¿Cuánto tiempo llevas en este trabajo? —le pregunté.

— Dos años —respondió.

— ¿Y qué tiempo estuviste en tu trabajo anterior? —seguí interrogando.

— Aproximadamente dos años.

— ¿Y antes de ése?

— Dos años.

— ¿Y antes?

— Como unos veinticuatro meses.

— ¿Entonces en dónde crees que radique el problema, en la compañía o en ti?

— ¡En mí!

— Si el problema eres tú —le dije—, ¿para qué cambias de compañía?

En el transcurso de la conversación le hablé de una amiga que había tenido cinco trabajos en once meses.

— Te apostaría lo que quieras a que dentro de un año ya no va a estar en el mismo trabajo —le aseguré.

¡Esa misma tarde la dama en cuestión me llamó para informarme que había dejado su empleo!

Sin embargo, mi amiga asegura que se siente absolutamente feliz; así que no me corresponde juzgar si, en su caso, el patrón de cambio de empleo es bueno o es malo. Sencillamente conviene reconocer que actuamos conforme a programas establecidos. Es muy probable que cotidianamente obedezcamos a patrones similares con respecto del automóvil, la casa y nuestras relaciones personales.

He aquí otro patrón. Se puede enunciar de la siguiente manera: "LA GENTE ES ODIOSA, LA VIDA ES HORRIBLE, ¿POR QUÉ ME TRATA EL MUNDO ASÍ? ME QUIERO MORIR". Como hemos dicho antes, nosotros mismos creamos nuestras opciones, ¡y una situación como la anterior no es nada divertida!

Existe otro patrón de vida que se describe con la expresión "APENAS LA VOY PASANDO". En este caso, el pensamiento consciente y el subconsciente nos reducen a una situación en la cual la vida nos parece una lucha sin tregua que a duras penas "vamos pasando".

¿Se aplican en tu caso algunos de estos patrones?

Otro patrón lo podemos denominar "A MÍ NUNCA ME TOCA NADA". Trátese del día de nuestro nacimiento, de la época en que empezamos a asistir a la escuela, a invertir en negocios o a ir de vacaciones, todo nos ocurre demasiado prematuramente o demasiado tarde. Si aterrizamos en el sitio justo, lo hacemos en un mal momento. O sucede que tenemos talento pero malos profesores, o buenos profesores pero poco talento.

Existe otro patrón que podemos llamar "TODO MUNDO ABUSA DE MÍ". Ni falta hace explicar en qué consiste.

Hemos comenzado por enunciar patrones de vida negativos. Sin embargo, existen patrones positivos que quizá también se apliquen a ti.

Hay un patrón que llamaremos "NUNCA ME ENFERMO". Nuestro estado de salud es determinado por nuestros programas mentales, que nos dicen quiénes somos y qué nos pasa.

¿Conoces a alguien que "SIEMPRE LLEGA AL SITIO

JUSTO, EN EL MOMENTO PRECISO"? Ingresan a la compañía justo cuando ésta empieza a prosperar, venden la casa justo antes de que a un lado construyan un centro de readaptación juvenil; salen de vacaciones y se topan con un millonario que los pasea en su avión por toda Europa. Y tú te preguntas ¿cómo le hacen? ¡Si yo tuviera tan solo la cuarta parte de su suerte! Llegar al sitio justo, en el momento preciso, es un patrón de vida positivo.

¿Qué decir del patrón que llamaremos "TODO LO QUE HAGO SIEMPRE ME DEJA DINERO"? ¡Algunas personas lo tienen! ¿O del patrón denominado "todo lo que compro resulta excelente"? (también existe el patrón inverso: "todo lo que compro es un timo").

Otros patrones son: "CONFÍO EN LA GENTE Y SIEMPRE ME TRATA BIEN" y "TODO LO QUE HAGO ME RESULTA FÁCIL Y DIVERTIDO".

Es de suponerse que prefieras adquirir patrones positivos y desechar los negativos. Ello nos lleva a preguntarnos: "¿Cuánto más durarán estos patrones detestables? ¿Hasta cuándo tendré que soportarlos?". **La respuesta es: "La vida cambia cuando nosotros cambiamos".**

SIEMPRE EXISTE RESISTENCIA AL CAMBIO

No siempre es fácil cambiar nuestros patrones de vida, pero es posible hacerlo. Sea cual fuere el punto en que te encuentras actualmente, puedes lograr lo que desees; cómo hacerlo es de lo que trata este libro.

Hay que reconocer un hecho: siempre que decidimos cambiar enfrentamos resistencia. Siempre surge el reto contra el que se mide la seriedad de nuestras intenciones.

Supongamos que has decidido ponerte a dieta. Justamente esta semana empezarás a deshacerte de las "llantitas". Sin embargo, esta misma semana tu agenda está saturada de invitaciones a cenar, cocteles y fiestas de cumpleaños. Todo cambio suscita un desafío, sobre todo al principio.

Imaginemos que por primera vez en tu vida decides abrir una cuenta de ahorros la que incrementarás hasta amasar una fortuna personal. Por lo tanto, cancelas la cena en el Hyatt (lo cual ayuda a tu dieta) y decides que depositarás en el banco los doscientos mil pesos que te ahorraste. Sin embargo, sucede que justamente ese día se vence el seguro del carro, se descompone el refrigerador y tu cuñado te cobra los trescientos mil pesos que te prestó la Navidad pasada.

Supongamos que te gusta andar en fachas. Cada vez que te pones tus mejores pantalones, se te ensucian. ¡No tienes más que caminar de la recámara al baño para que se te manchen! ¡Y solamente te sucede esto cuando te pones tus mejores pantalones! La tendencia natural es pensar de la siguiente manera: "Es

que así soy; no puedo cambiar". La verdad es que sí puedes cambiar, pero tus viejos patrones de vida tratarán de persistir.

¿Qué hacer para lograr el cambio?

Primero hay que reconocer que todo cambio ha de enfrentar resistencia. En pocas palabras, tienes que estar preparado.

LA FORMACIÓN DE PATRONES

Desde el momento de nacer empezamos a desarrollar patrones de comportamiento.

Pensemos, por ejemplo, en nuestra actitud hacia el comer. Cuando éramos bebés, llorábamos por muy diferentes razones: sed, calor, frío, soledad, frustración, falta de cariño, deseos de ejercitar los pulmones; porque estábamos mojados, porque deseábamos atención, o un juguete, y así por el estilo. Cuando llorábamos, en muchas, muchas ocasiones, se nos daba de comer. De manera tal que se estableció una asociación según la cual la solución a cualquiera de los anteriores problemas era comer. Así que si fumas, bebes o comes en exceso, no necesitas esforzarte mucho para darte cuenta de dónde procede parte de tu programación. Cuando te sientes frustrado, solo o deprimido, una de las principales luces que iluminan tu vida es la luz del refrigerador. La "solución" que ofrecen el cigarrillo y la bebida deriva, en parte, de un condicionamiento similar.

Por razones similares, nuestro comportamiento actual es resultado de las experiencias adquiridas en la infancia. En los primeros años, no tenemos criterio y nuestro cerebro está vacío: absorbemos información como esponjas. Debido a que nuestras primeras relaciones con el mundo son a través de nuestros padres, su influencia en nuestra vida es enorme. De manera consciente, pero fundamentalmente de modo subconsciente, creamos en nuestras vidas patrones que reflejan nuestra experiencia al lado de nuestros padres. Por ejemplo:

* Solemos establecer relaciones con personas que se asemejan a nuestros padres. Así pues, puede ocurrir que busquemos jefes y amigos entre personas parecidas a nuestro padre o a nuestra madre.

* Las relaciones que establecemos con los demás son un reflejo de las relaciones que nuestros padres establecían con la gente. Si nuestros padres eran amables y cariñosos, tenderemos a ser así. Si solían abusar de la gente, eso es lo que nosotros mismos habremos aprendido a hacer desde niños.

* Buscamos pareja entre aquellas personas que se asemejan a nuestro padre o a nuestra madre. Esto puede ocurrir no solo en una ocasión, sino una vez tras otra. La explicación es que, en nuestros primeros años, nos formamos imágenes subconscientes que nos señalaban, por ejemplo, que "los hombres de verdad son altos, morenos y callados" (como mi padre); o bien, "las mujeres deben ser bajitas y de buenos modales" (como mi madre). Sin darnos cuenta a

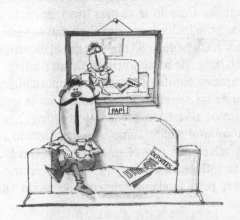

nivel consciente, buscamos una pareja que se ajuste a la imagen que nos hemos formado.

Asimismo, la calidad de nuestra relación con nuestros padres crea su propio patrón. Si de niños experimentamos culpa y desaprobación, nuestra tendencia será atraer y asociarnos con quienes nos traten como personas "indeseables". En cambio, si de niños hemos experimentado cariño y aprobación, al llegar a la edad adulta gravitaremos en torno a personas que nos traten con respeto. En pocas palabras, atraemos lo que esperamos, y el mundo nos trata como creemos merecer que se nos trate.

Hasta aquí solo hemos realizado un análisis superficial. Sin embargo, reconocer un problema es haber avanzado la mitad del camino hacia su solución. Es sumamente importante conocer nuestros patrones de comportamiento y saber cómo surgieron.

EN SÍNTESIS

No tenemos por qué resignarnos a vivir siempre con nuestros actuales patrones de comportamiento. Los patrones negativos pueden oponer resistencia, pero no son invencibles. Debes pensar siempre positivamente en ti mismo y en tu situación. La disciplina mental que para ello se requiere puede costar cara, pero las recompensas son fabulosas. Procura hablar siempre bien de ti mismo e imagina que tu vida funciona como tú deseas. Así crearás nuevos patrones de felicidad.

Escucha grabaciones motivacionales y lee muchos libros sobre el éxito. Apóyate en programas subliminales y frecuenta a las personas de quienes puedas aprender algo. Ten presente que existe en ti la posibilidad de rediseñar tus patrones de comportamiento para convertirte en la persona que deseas.

Puedes también consultar las "SÍNTESIS" que se incluyen en este libro para intentar desprenderte sistemáticamente de lo que te empantana, y consolidar los patrones que te impulsan hacia adelante.

TU IMAGEN ANTE TI MISMO

¿**H**as notado que cuando te sientes bien contigo mismo las demás personas se tornan agradables? ¿No te parece fascinante el cambio de actitud?

El mundo es un reflejo de nosotros mismos. Si nos aborrecemos, también aborreceremos a los demás. Cuando nos encanta ser quienes somos, todo mundo nos resulta maravilloso.

Nuestra propia imagen es la guía que determina exactamente cómo habremos de comportarnos, con quiénes nos relacionaremos, qué cosas intentaremos y qué otras evitaremos; cada uno de nuestros pensamientos y acciones derivan de la imagen que tenemos de nosotros mismos.

La imagen que tienes de ti mismo está matizada por tus experiencias, éxitos y fracasos, las ideas que sobre tu propia persona has concebido y las reacciones de los demás hacia ti. En la creencia de que dicha imagen es un hecho, te limitas a existir exclusivamente dentro de los confines de la misma.

Por lo tanto, la imagen que tenemos de nosotros mismos decide:

* Qué tanto nos agrada el mundo y qué tanto nos gusta vivir en él.
* Exactamente qué tanto logramos en la vida.

Somos lo que creemos ser. De ahí que el doctor Maxwell Maltz, autor del best–seller *Psycho–Cybernetics*, haya señalado que "la meta de toda psicoterapia es cambiar la imagen que el individuo tiene de sí mismo".

Si piensas que eres un caso perdido para las matemáticas, siempre tendrás problemas con los números. Tal vez a causa de experiencias negativas has desarrollado el siguiente razonamiento: "Por más que me esfuerce, no puedo con las matemáticas". Por lo tanto, dejas de intentarlo. Generalmente la idea cobra más fuerza. Si acaso alguna vez resuelves un problema matemático, pensarás que "fue casualidad". Y cuando fracases,

afirmarás: "¡Se los dije! ¡No sirvo para las matemáticas!". Es muy probable que acostumbres decir a todo el mundo que no puedes ni sumar. Mientras más veces le digas a tu hermano, a tu cónyuge, a tu vecino y al gerente del banco que eres un caso perdido, más lo creerás tú mismo, y más se arraigará en ti dicha imagen.

El primer paso para mejorar nuestros resultados es modificar la manera en que pensamos y hablamos acerca de nosotros mismos. Una persona de lento aprendizaje puede convertirse en un alumno destacado tan pronto modifique sus ideas acerca de su propia capacidad. Si tú consideras que tu coordinación corporal es excelente, fácilmente aprenderás nuevos deportes. Si piensas que eres un "saco de papas", entonces harás lo posible porque se te caiga la pelota para dar justamente esa impresión.

Mientras sigas pensando que eres una persona permanentemente en quiebra, vas a seguir quebrado. Si te consideras una persona con éxito en las finanzas, entonces prosperarás.

La imagen que tenemos de nosotros mismos es como un termostato, y nuestro desempeño ocurre dentro de los límites preestablecidos. Vamos a suponer que Fred espera estar contento sólo la mitad del tiempo, de manera que cuando le va mejor que de costumbre, piensa: "¡Momento! ¡Aquí hay algo raro! ¡No se supone que todo deba de salir tan bien! Con seguridad algo va a fallar de un momento a otro". Cuando ello ocurre, Fred respira profundamente y se consuela: "Yo sabía que esto no podía durar".

De lo que quizá Fred no se da cuenta, es de que existen otras personas en el mundo que siempre se sienten desdichadas, y que otras casi todo el tiempo están alegres. Nosotros mismos forjamos la calidad de nuestra vida, según la imagen que nos hacemos acerca de la felicidad.

Lo que esto quiere decir es que NOSOTROS DECIDIMOS la

imagen que queremos mostrar de nuestra propia persona. Nosotros decidimos sobre nuestro propio valor, y decidimos qué tanta felicidad debemos esperar.

LOS CUMPLIDOS o ¿por qué no simplemente decir "gracias"...?

La imagen que tenemos de nosotros mismos determina en qué debemos concentrarnos o qué podemos pensar. Una buena imagen nos permite concentrarnos en los cumplidos que se nos hacen y en los éxitos que logramos. Esto no debe confundirse con pedantería. Alguien observó en una ocasión: "La pedantería es una enfermedad muy rara. Hace que todo mundo se sienta mal, excepto quien la padece". *Ser egoísta y gozar de una saludable autoestima son extremos opuestos.*

Es necesario diferenciar egoísmo de una saludable autoestima.

Las personas con un gran ego necesitan ser el centro de atención, ansían reconocimiento y les preocupan muy poco los demás.

Por el contrario, una saludable autoestima nos permite respetar nuestros propios deseos y también los de los demás. Esto quiere decir que podemos sentirnos orgullosos de nuestros logros sin tener que divulgarlo a los cuatro vientos, y que podemos aceptar nuestras limitaciones al tiempo que luchamos por superarnos.

Una autoestima saludable significa que no nos sentimos obligados a justificar, ante nosotros mismos o ante nadie, el hecho de salir de vacaciones, acostarnos tarde, comprar zapatos nuevos o permitirnos algún capricho de cuando en cuando. Nos sentimos a gusto haciendo cosas que agregan calidad y belleza a nuestra vida.

Admitamos que no se trata de un "complejo de superioridad".

Cuando apreciamos nuestra propia valía, no necesitamos decir al mundo lo mucho que valemos. Es aquel que no se ha convencido de su propio valor quien se afana por pregonar a todo mundo su gran valía.

Hay que reconocer que es correcto aceptar un cumplido. No hace falta ser perfectos para aceptar un cumplido y donosamente dar las gracias. La gente con éxito siempre dice: "Gracias". Se da cuenta de que es sano reconocer un trabajo bien hecho.

Si felicitas a Greg Norman por ganar un torneo de golf, él no dirá: "Fue sin querer"; mucho menos señalará que "fue suerte". Te dirá: "Gracias". Si felicitaras a Paul McCartney por un nuevo éxito, no te contestaría: "Estás loco; ese disco es una porquería". Te diría: "Gracias". Estas personas, como toda la gente con éxito, saben apreciar su propio valor, y Paul lo supo apreciar mucho antes de triunfar, pues eso fue lo que lo condujo al éxito.

Como todos nosotros, lo primero que él mismo tuvo que hacer fue reconocer su propia valía.

Un cumplido es un regalo. No se puede dirigir un verdadero cumplido sin reflexión y esfuerzo. Como cualquier regalo, es una desilusión si te lo rechazan; esa es otra buena razón para aceptar donosamente un cumplido. Imagina que un amigo tuyo hiciera un amable comentario sobre tu apariencia y que tú respondieras: "Sí, claro, pero tengo muy gruesos los labios y muy cortas las piernas".

Tú te sentirás mal porque no aceptaste el cumplido conforme a la intención con que te fue dirigido. La otra persona se sentirá mal por lo mismo, y de ahí en adelante te recordará como a cierto amigo pequeñito, de labios gruesos y piernas cortas. ¿Por qué no decir simplemente "gracias"?

EL "YO" QUE VEN LOS DEMÁS

Podemos hacer una estimación de nuestra propia imagen observando a quienes nos rodean. Nuestra tendencia es entablar relación con quienes nos tratan como creemos merecer. Las personas con una imagen sana de sí mismas exigen respeto de los demás. Ellas mismas se dan buen trato, y con ello le indican al resto de la gente cómo debe tratárseles.

Si Mary tiene una mala imagen de sí misma, tolerará malos tratos y abusos prácticamente de todo mundo. En su subconsciente brotarán pensamientos tales como: "Realmente no importo tanto", "al fin y al cabo no se trata más que de mí" y "siempre me han tratado mal, ¡seguramente lo merezco!".

De lo anterior surge la pregunta: "¿Cuánto tiempo soportará Mary los malos tratos?".

La respuesta es: "en tanto tenga una pobre imagen de sí misma".

La gente nos trata como nos tratamos nosotros mismos. Aquellos con quienes nos relacionamos, rápidamente se dan cuenta si sentimos respeto por nosotros mismos. Si nos tratamos con respeto ¡ellos harán lo mismo!

Supongo que todos hemos conocido a mujeres con una pobre imagen de sí mismas, que han ido de fracaso en fracaso en sus relaciones con los hombres. En cada ocasión su pareja ha sido un borracho o un "bueno para nada". Asimismo, han tenido que soportar abusos, físicos o emocionales. Desafortunadamente ese comportamiento se repetirá en tanto persista la opinión que tienen de sí mismas.

También existe gente que, luego de sufrir mucho, aprende a exigir y a esperar trato justo de parte de sus amigos, parientes y compañeros de trabajo. Ha observado que cuando se da a valer, los demás lo perciben.

LO QUE TÚ VALES

Vamos a suponer que te haces cargo de un bebé de tres meses de edad. Naturalmente no le dirías a la hora de comer: "Muy bien, muchacho, si no logras hacer algo inteligente, como pararte y recitar el alfabeto o hacerme reír, no te daré tu biberón". Le darías de comer porque lo merece. Merece amor, cuidado y trato justo. Tiene derecho a todo eso porque, igual que tú, es un ser humano; una parte del universo.

Tú también mereces exactamente lo mismo. Lo merecías al nacer y lo mereces ahora. Demasiadas personas creen que a menos que sean tan inteligentes, atractivas, bien remuneradas o atléticas como otras que conocen, no merecen respeto ni amor.

MERECES RESPETO Y AMOR SIMPLEMENTE PORQUE TÚ ERES TÚ

En raras ocasiones nos concentramos en nuestra belleza y fuerza interiores. ¿Recuerdas haber visto películas de amor? Mientras la pareja de enamorados luchaba contra viento y marea, tú sufrías y anhelabas que todo saliera bien. A él lo mandaban a la guerra; ella se iba de su casa. Cuando él regresaba, ella ya no estaba. Después de buscarla afanosamente, la encontraba, pero ella ya no quería saber nada de él. Y mientras todo eso sucedía, tú deseabas todo el tiempo el feliz encuentro. Al final de la película ellos se casaban y vivían felices para siempre. Tú te secabas las lágrimas y salías del cine apretando en un puño la bolsa vacía de palomitas.

Lloramos al ver ese tipo de películas porque en nuestro fuero interno nos preocupamos, amamos, sentimos dolor. Existe en nosotros un núcleo interior verdaderamente hermoso. Dependiendo del grado en que hemos sido lastimados, exponemos nuestros sentimientos más profundos; pero todos poseemos estas cualidades.

Cuando observamos en los noticieros de televisión el drama de la gente que muere de hambre en el mundo, nos duele. Todos podemos tener opiniones distintas acerca de la mejor manera de ayudarles, pero el hecho es que a todos nos preocupa. Así es como somos.

Recuerda, tú tienes las siguientes cualidades: capacidad de amar, de interesarte por los demás y de actuar humanitariamente. No eres simplemente un humano: ERES UN SER HUMANO. Reconoce tu propio valor y siempre recuerda que mereces buen trato.

LA HISTORIA DE RAPUNZEL

Como muchos cuentos de hadas, la historia de Rapunzel tiene un sentido profundo. Es una historia sobre la imagen de uno mismo. Rapunzel era una joven que vivía encerrada en un castillo, prisionera de una vieja bruja que constantemente le decía que era fea. Un día, un apuesto príncipe pasó por la torre y alabó la hermosura de Rapunzel. Entonces, ella hizo descender por fuera de la torre su dorada cabellera (al parecer de considerable longitud) para que él escalara y la rescatara.

No era el castillo ni la bruja lo que la mantenía cautiva, sino la idea de su propia fealdad. En cuanto fue consciente de su belleza, reflejada en el semblante fascinado del príncipe, se dio cuenta de que podía ser liberada.

Todos tenemos que estar conscientes de la bruja, o brujas, que hay dentro de nosotros y que nos impiden ser libres.

LA IMAGEN DE UNO MISMO Y EL SUBCONSCIENTE

Nuestro comportamiento y nuestra programación subconscientes interactúan con el concepto que sobre nosotros mismos tenemos. Por ejemplo, si nos sentimos mal con nosotros mismos, tendemos a desquitarnos con nuestra propia persona. Esto puede manifestarse en comer desmedidamente alimentos chatarra, propiciar accidentes o enfermedades, incurrir en abusos con el alcohol y las drogas, alimentarse menos de lo debido y otras cosas por el estilo. No necesariamente tiene que ser un acto consciente. El trato que nos damos automáticamente refleja el grado de aprecio que tenemos por nosotros mismos en un momento determinado.

Existen incluso evidencias que sugieren que las personas que sufren accidentes automovilísticos frecuentemente se sienten mal consigo mismas en ese momento y que el accidente, en parte, es un castigo subconsciente.

Es de capital importancia que hagamos todo lo que esté en nuestras manos para no dejar de tener pensamientos positivos. De esta manera lograremos seguir siendo felices.

Una mala imagen personal nos lleva a pensar: "Yo no merezco nada". Esto conduce inconscientemente a sabotear la propia felicidad. Siempre que se presenta la posibilidad de salir de vacaciones o de aprender algo nuevo, la persona que tiene una pobre imagen de sí misma hallará razones, consciente o subconscientemente, para dar al traste con todo.

COMPORTAMIENTO DERIVADO DE UNA MALA IMAGEN DE UNO MISMO

Todos debemos trabajar continuamente por mantener una imagen saludable y positiva para con nosotros mismos. Si presentas algunos de los siguientes rasgos de conducta, debes preocuparte por mejorar la imagen que tienes de ti mismo.

* celos
* hablar negativamente de ti mismo
* sentimientos de culpa
* no dirigir cumplidos
* no aceptar cumplidos
* no tomar en cuenta las propias necesidades
* no solicitar lo que deseas
* privarte innecesariamente de comodidades
* incapacidad para dar afecto
* incapacidad para recibir afecto y disfrutarlo
* criticar a los demás
* compararte con otros
* mala salud constante

Cambiar es difícil. La mala imagen tiende a perpetuarse a sí misma. Al lanzarnos en pos del cambio, la tendencia será continuar representando los viejos patrones de culpabilidad y autodenigración. He aquí algunas sugerencias que puedes poner en práctica para aprovechar tu potencial:

* ACEPTA CUMPLIDOS. Siempre di "gracias", o emplea palabras que expresen gratitud.
* DIRIGE CUMPLIDOS. Una de las maneras más fáciles de sentirse bien con uno mismo es reconocer lo que hay de hermoso en los demás.
* HABLA SIEMPRE BIEN DE TI MISMO. Si no se te ocurre nada bueno que decir sobre tu persona, ¡cierra el pico!
* FELICÍTATE. Cuando has hecho algo bien, "date una palmada en el hombro". Reconoce tu valía.
* RECONOCE LA DIFERENCIA ENTRE TU PERSONA Y TUS ACTOS. Reconoce que tus actos no necesariamente

están ligados a tu autoestima. El hecho de cometer una tontería, como estrellarte contra un automóvil, no te hace una mala persona. Sencillamente cometiste un error. (Hay que odiar al pecado, pero amar al pecador.)

* OFRECE BUEN TRATO A TU CUERPO. Es el único que tienes. Todo lo que hacemos afecta al resto. Ejercita tu cuerpo y aliméntalo bien.
* DEMUÉSTRALE A LA GENTE CÓMO DESEAS QUE SE TE TRATE. Sobre todo, ponle el ejemplo mediante el trato que te das tú mismo y la forma en que tratas a los demás. ¡Nadie debe tolerar abusos de nadie!
* RELACIÓNATE CON GENTE POSITIVA
* PROCURA GOZAR DE LA VIDA SIN QUE TE SIENTAS CULPABLE
* LEE LIBROS QUE TE OFREZCAN IDEAS E INSPIRACIÓN
* VISUALIZA MENTALMENTE CÓMO TE GUSTARÍA SER, NO CÓMO ERES. Entonces necesariamente gravitarás hacia tus pensamientos dominantes.

AMA A TU PRÓJIMO COMO A TI MISMO

Amar al prójimo como a uno mismo implica que debemos amarnos nosotros mismos. El hecho es que no debes arruinarte tú para beneficiar a tu prójimo. No se nos recomienda privarnos de algo, sufrir y ser desdichados. Mi interpretación personal de "Amar al prójimo como a uno mismo" es que debemos mantener un equilibrio entre nuestras necesidades y las necesidades del prójimo; respetar ambas partes.

FALSA MODESTIA

Seguramente conoces personas que dan lugar a que les dirijan cumplidos utilizando lo que se denomina una inversión psicológica. La conversación transcurre más o menos así:

—Soy malísimo para tocar el piano —te dice esta persona.
—Yo creo que eres muy bueno —le respondes.
—No, realmente no; cometo muchos errores —insiste.
—Para mi gusto suena excelente —corriges.
—Lo dices por hacer sentirme bien.
—¡No es eso! ¡Realmente tocas muy bien!
—Gracias por tus comentarios... pero la verdad es que soy bastante malo —insiste otra vez.

¿No te parece exasperante? ¡Hay que poner fin a estas absurdas conversaciones cuanto antes y hablar sensatamente!

Las personas excepcionales no utilizan trucos como la falsa modestia. No salen a la caza de cumplidos, pero los aceptan donosamente.

SALUD

Por medio de experimentos científicos se han descubierto formas increíbles de matar conejillos de Indias. Las alteraciones emocionales generan toxinas poderosas y letales. Se ha causado la muerte a conejillos de Indias en menos de dos minutos, inyectándoles sangre de personas que han experimentado ira o miedo intensos. Imagina lo que esas toxinas pueden provocarle a tu cuerpo.

Cada uno de tus pensamientos afecta la química de tu cuerpo en una fracción de segundo. ¿Qué me dices cuando al ir manejando velozmente de pronto el camión que va adelante de ti, a veinte metros de distancia, se frena bruscamente? Una onda de estremecimiento recorre todo tu organismo. Tu mente provoca reacciones instantáneas en tu cuerpo.

También es fascinante la manera en que la mente subconsciente regula nuestra salud. ¿Recuerdas haberte enfermado el día que no querías ir a clases? ¿O haber padecido dolores de cabeza a causa del miedo? ¿Has conocido a alguien que se enferme de laringitis en la víspera de su gran discurso? La conexión entre mente y cuerpo es tan estrecha que, con mucha frecuencia, cuando queremos evitar algo, nuestro subconsciente hará lo necesario para que se realice. Reconocer que estas situaciones nos suceden es ya parte de la solución.

Nuestro sistema de creencias y expectativas puede mantenernos enfermos. Si nuestro cuñado nos dice: "Tengo una gripe tremenda, te voy a contagiar y vas a pasarte dos semanas en cama", en ese momento nos hacemos susceptibles a la enfermedad. Nos enfermamos, en parte, porque eso es lo que esperábamos.

También existen evidencias de que podemos padecer una

enfermedad porque nuestros padres la sufrieron, y pensamos que es "apropiado" o inevitable padecerla nosotros también. Existen patrones o programas subconscientes en nuestras neuronas que nos mantienen sanos o enfermos. Hay quienes afirman: "A mí nunca me da gripe", y es cierto. Otras personas señalan: "Yo me enfermo de gripe al menos dos veces al año", y lo logran. No se trata de meras coincidencias.

A muy temprana edad aprendemos que enfermarse es una de las maneras más eficaces de llamar la atención. Para algunos es la única. Cuando nos enfermamos, nuestros amigos y parientes se apresuran a congregarse en derredor nuestro e inmediatamente nos sentimos más amados y más seguros. Algunas personas jamás superan esta idea y se las arreglan para pasarse toda la vida enfermas, o se caen de las escaleras y se rompen las piernas cada vez que se sienten ignoradas o rechazadas. Evidentemente, esta conducta es más subconsciente que consciente. Sin embargo, el hecho es que quienes sienten amor y seguridad sufren muchas menos enfermedades y "accidentes" que aquellos que no se sienten realizados y tienen una gran dosis de inseguridad.

Las emociones y los sentimientos reprimidos afectan nuestra salud. El clásico síndrome de la víctima: "No te preocupes por mí; yo no importo nada", o "estoy acostumbrado a las desilusiones y a que me ignoren", o "no voy a dejar de sonreír aunque me esté quemando por dentro", es el principio del desastre. Para estar saludables y llenos de energía, debemos alimentar las emociones positivas y expresar nuestros sentimientos. También es muy importante creer que MERECEMOS estar saludables. Si albergamos sin razón pensamientos subconscientes tales como: "No soy una buena persona", o "he hecho muchas cosas malas", o "merezco ser castigado", una de las maneras clásicas de sufrir es a través de una mala salud; a veces de por vida.

Si no desempeñamos el trabajo que nos agrada y no vivimos la vida que nos gusta, nuestra mente "desearía no estar aquí". Como el cuerpo es esclavo de la mente, aquél procurará hacernos salir de lo que nos desagrada. El primer paso es la enfermedad. Una solución más drástica es la muerte.

No quiero dar a entender que la salud pueda explicarse cabalmente por medio de los párrafos precedentes. Lo que sí deseo es enfatizar el papel de la mente en nuestra salud física. Si me llevo una planta de plátanos al Polo Sur, excavo un agujero y la siembro; y diez años más tarde regreso con un canasto para cosechar los plátanos, ¿cuántos plátanos voy a encontrar? No muchos, que digamos. La razón es que se trata de un ambiente inadecuado para el cultivo del plátano. Pues bien, a través de tus pensamientos y emociones, tú controlas el ambiente de tu cuerpo. Tú decides si lo conviertes en un nido de microbios o en un templo de la salud.

La buena salud es un derecho con el que se nace, y al decir buena salud hablo de energía y vitalidad. Tienes derecho de levantarte cada mañana con la confianza de que tu cuerpo puede desarrollar al máximo y no simplemente "irla pasando". Muchas personas tienen la idea de que la buena salud no es más que la ausencia de enfermedad.

Si analizamos la conexión entre mente y cuerpo, es fácil entender en qué medida nuestro cuerpo es afectado por el estado de nuestra mente. La mente subconsciente monitorea, segundo a segundo, nuestros procesos curativos. Tu cuerpo se está reconstruyendo todo el tiempo y los planos para su reconstrucción proceden de tu mente.

Cuando sana un dedo herido, ¿de dónde proviene la orden para la unión de nuevas células? ¿Qué clase de inteligencia se asegura de que al cortarte una uña crezca otra y no una ampolla? ¡Tiene que existir algo que lo controle! ¡No debemos dejar de asombrarnos del milagro que es nuestro propio organismo!

A nivel humano, la mente es el arquitecto del cuerpo; y el cuerpo es un reflejo de tus pensamientos. Si te consumen la ira, el miedo y las emociones reprimidas, tu cuerpo lo reflejará. La "enfermedad" de la mente se torna "enfermedad" del cuerpo.

EN SÍNTESIS

Procura que tus pensamientos sean saludables y placenteros. Piensa que eres una persona sana. Recuerda, la buena salud es un derecho que te corresponde por nacimiento y mereces estar sano. Sobre todo, **sé benévolo** contigo mismo.

DOLOR

Siguiendo con el tema de la salud, ahora analicemos un poco el significado del dolor.

Si te acercas a alguien que está siendo torturado por el dentista y le preguntas: "¿Verdad que es hermoso el dolor?", seguramente pensará que estás loco. Tampoco podrás apreciar cuán positivo es el dolor al quemarte los dedos en la estufa.

Vamos a suponer que no sintieras dolor. Podrías recargarte distraídamente en el quemador de la estufa y advertir veinte minutos después de que donde antes había un brazo, ahora no queda más que una caña carbonizada. Si no sintieras dolor físico podría suceder que llegaras un día a casa después de trabajar y que, al agacharte para ponerte las pantuflas, exclamaras: "¡Qué

barbaridad! Me falta la mitad del pie izquierdo. Me lo debo haber mutilado en algún lado. ¿Se me habrá atorado en el elevador, o sería el dóberman de los vecinos? Con razón sentía que estaba caminado un poco raro".

El dolor físico tiene una razón de ser. Es una retroalimentación continua que nos avisa qué hacer y qué no hacer. ¡Qué bochornoso sería tener que explicar a mitad de una cena, a la luz de las velas: "¡No puedo comer el postre, querida, me acabo de cercenar la lengua de una mordida!". (La explicación tendría que ser con señas, naturalmente.)

Siempre que comemos demasiado o que no dormimos lo suficiente, o que una parte de nuestro cuerpo está débil y que requiere de reposo, nuestro maravilloso sistema automático de alarma nos lo hace saber.

El dolor emocional opera de manera similar. Si algo nos molesta o nos preocupa podemos interpretarlo como un mensaje que nos insta a abordar las cosas de otro modo, o a verlas de manera diferente. Si nos sentimos heridos, decepcionados o abandonados por un ser querido, el mensaje puede ser: "Ama a tus seres queridos sin esperar nada. Recibe lo que te quieran dar sin juzgarlos". Por otra parte, el mensaje también podría interpretarse como: "No permitas que las acciones de los demás destruyan tu autoestima"

El hecho de que tu casa se incendie o de que te roben el auto puede trastornarte emocionalmente. Es una reacción humana y normal. Si optas por razonar dicha situación, descubrirás que puedes vivir feliz sin aquello hacia lo que te sentías tan ligado. El trastorno emocional puede hacer que vuelvas a sopesar tus prioridades. No quiero decir que debamos vivir sin auto y sin casa. Lo que deseo enfatizar es que la gente con éxito aprende de tales experiencias y ajusta sus acciones de modo que los tropiezos de la vida resulten menos dolorosos.

EN SÍNTESIS

El dolor nos hace abrir los ojos. Nos induce a observar las cosas de manera diferente. Tanto en caso de dolor emocional como de dolor físico, si continuamos haciendo la misma tontería seguiremos sufriendo. Es posible que pensemos: "Pero es que no debería doler; no quiero que me duela". Sin embargo, sigue doliendo. Hay quienes se las ingenian para que un dolor les dure 24 horas diarias, los 365 días del año. Nunca se dan cuenta de que llegó el momento de retirar la mano de la estufa.

NOS VOLVEMOS PARTE DE NUESTRO MUNDO COTIDIANO

Somos muy susceptibles a la influencia de la gente que nos rodea. ¿Alguna vez has conocido a alguien que después de vivir dos años fuera del país, regresa hablando con acento extranjero? ¿O inocentes pequeños de cinco años que poco después de ingresar a la escuela empiezan a hablar peor que criminales?

Todos tendemos a ser parte de nuestro ambiente. Nadie es inmune a las influencias del mundo que le rodea: los amigos, la familia, los compañeros de trabajo, la televisión, el periódico, la radio, los libros y las revistas que leemos. No pretendamos

ignorar que nos afectan las personas y las cosas a nuestro alrededor. Nuestros pensamientos, sentimientos, metas y acciones, constantemente son influenciados por nuestro ambiente.

Fred acaba de entrar a trabajar a la fábrica. El primer día, a la hora del almuerzo, se toma solamente diez minutos, mientras que los demás obreros emplean la media hora a que tienen derecho. Fred piensa: "estos tipos están mal".

Dos semanas más tarde, Fred empieza a tomarse veinte minutos.

Un mes después, se toma la media hora completa. Ahora piensa: "Si no los puedes derrotar, úneteles. ¿Por qué habría yo de trabajar más que los demás?".

Diez años más tarde Fred es el primero en salir al descanso y el último en regresar a las labores. Ha conformado su actitud a la de sus colegas.

Lo asombroso de los seres humanos es que generalmente no advertimos los cambios que ocurren en nuestra psique. Es como regresar al *smog* citadino después de varias semanas de respirar aire fresco. Solo entonces nos damos cuenta de que nos habíamos acostumbrado a los olores desagradables.

Si nos rodeamos de gente criticona, nos haremos afectos a criticar. Si nos asociamos con gente feliz, aprenderemos acerca de la alegría. Si frecuentas a gente desordenada, te harás desordenado. Si te relacionas con personas entusiastas, te volverás entusiasta. Las personas aventureras nos ayudan a convertirnos en aventureros, y las personas prósperas son una inspiración para hacernos prósperos.

Esto significa que tenemos que decidir qué queremos de la vida y, en consecuencia, elegir con quiénes relacionarnos. Tal vez pensarás: "Me va a costar trabajo. No va a ser nada cómodo. Tal vez algunos de mis amigos lo verán mal". ¡Desde luego! ¡Pero se trata de tu vida!

Es probable que Fred reflexione: "Siempre estoy sin dinero, muchas veces me siento deprimido, mi trabajo es aburrido, me enfermo muy frecuentemente, no tengo metas qué perseguir y nunca hago nada emocionante". Enseguida nos enteramos de que los mejores amigos de Fred jamás tienen dinero, se deprimen con frecuencia, sus trabajos son aburridos, se enferman frecuentemente, no tienen metas y desearían que la vida fuera más emocionante. No se trata de coincidencias. No nos corresponde juzgar a Fred. Sin embargo, si alguna vez deseara mejorar su calidad de vida, lo primero que tendría que hacer es reconocer lo que ha estado ocurriendo todos estos años.

No sorprende saber que los doctores suelan tener mala salud, puesto que se pasan la vida cerca de personas enfermas. Existe una elevada incidencia de suicidios entre los psiquiatras por razones similares. Nueve de cada diez niños de padres que fuman, se hacen fumadores. La obesidad es, en parte, un problema ambiental. Las personas pobres tienen amigos pobres.

Las personas ricas tienen amigos ricos. Las personas con éxito tienen amigos con éxito. Y así sucesivamente.

EN SÍNTESIS

SI TE INTERESA SERIAMENTE CAMBIAR DE VIDA, PROCURA CAMBIAR TU ENTORNO.

PROSPERIDAD

"Lo mejor que puedes hacer por los pobres es no ser uno de ellos."

En mi experiencia, he advertido que muchísimas personas —en lo que respecta a dinero y prosperidad— consideran que el hecho de pensar positivamente, trabajar duro y observar una actitud correcta, no ayuda mucho cuando de liquidar las cuentas a fin de mes se trata.

El hecho es que nuestros pensamientos conscientes y subconscientes siempre generan resultados positivos y negativos en nuestras vidas, INCLUSO contribuyen a determinar la cantidad de dinero que tenemos en el banco. Tu prosperidad —o falta de ella— es resultado de tu pensamiento. Tu mente y tu sistema de creencias te tienen en la posición en que te encuentras, y tu mente será próspera o pobre, dependiendo de la manera en que la entrenes. Lo que piensas es lo que recibes. Si te haces a la idea de ser pobre, serás pobre. Si te haces a la idea de ser próspero, serás próspero.

Volvamos con nuestro amigo Fred, quien considera que siempre sufrirá para pagar sus cuentas. Es muy probable que Fred sólo busque empleos poco remunerados, porque cree que eso es lo que le corresponde. Posiblemente se asociará sólo con gente de su estrato económico, porque ahí es donde se siente a gusto. Las personas con las que en la actualidad se relaciona le ayudan a confirmar la idea de que la vida es dura. Con semejante compañía, no existirá en él la tendencia a desarrollar sus ideas y lograr una situación más próspera.

Es muy probable que Fred proceda de una familia con actitudes similares hacia el dinero y la imposibilidad de tenerlo. Ello contribuye a sustentar el sistema de creencias de Fred.

Debido a que la vida suele depararnos, en buena medida, lo que esperamos de ella, si Fred espera tener poco, poco tendrá. Puesto que existe en sus neuronas un "programa" que dice: "Nunca tengas dinero, Fred", es posible que cuando obtenga un poco de dinero adicional lo despilfarre, porque subconscientemente él pensará: "Esto de tener dinero extra es raro. Más vale que compre cualquier cosa para regresar a mi estado normal de bancarrota".

Por medio de monólogos internos, Fred se convencerá de que las carencias son parte necesaria de la vida. Probablemente considerará: "Nunca voy a hacer dinero porque no tuve buenos estudios". Si los estudios fueran importantes para hacer fortuna, probablemente todos los profesores universitarios serían millonarios. Conozco algunas personas sumamente instruidas que siempre están en quiebra, y mucha gente que, con muy pocos estudios, logró hacerse sumamente rica.

Fred podría pensar: "En el trabajo en el que estoy no se puede hacer dinero". Eso puede ser cierto. Sin embargo, para empezar podría intentar algún tipo de actividad colateral más remunerativa. O cambiar de trabajo.

Otro pretexto es el tiempo. Fred puede suponer que no dispone de tiempo suficiente para hacerse rico. Pues bien, todos tenemos la misma cantidad de tiempo, es decir, 24 horas al día. Ni más ni menos.

Fred puede alegar que es demasiado joven o demasiado viejo, o que tiene una esposa en qué pensar, o que no tiene esposa que lo apoye, o que tiene demasiados hijos... Sin embargo, si reflexiona objetivamente, tendrá que admitir que otros forjan su prosperidad financiera en medio de cualquier combinación de las circunstancias antes descritas.

Más aún, nuestro amigo puede argüir que le gustaría ser rico, pero que no quiere inmolarse trabajando. Una vez más, podemos responder que mucha gente que trabaja exageradamente no deja de ser pobre. Por otra parte, existen personas que laboran una cantidad razonable de horas y hacen fortuna. El trabajo duro es uno de los ingredientes, ¡pero no es garantía de prosperidad! Si te la pasas diez horas diarias desplumando pollo, el hecho de desplumar unos cuantos pollos adicionales no mejorará sensiblemente tu condición. ¡Tarde o temprano lo que necesitarás será un cambio de estrategia!

No pretendo emitir juicios. El dinero no es bueno ni malo. El dinero es solamente dinero. Fred, o cualquier otra persona, puede llegar a sentirse perfectamente feliz sin riquezas. Sin embargo, lo que quiero subrayar es que Fred creó las circunstancias en que vive. Si alguna vez decide cambiar, podrá lograr sus metas.

En breve hablaremos de acciones concretas que puede realizar Fred —y que puedes intentar tú— para prosperar económicamente.

BARRERAS CONTRA EL DINERO

V eamos cómo y por qué algunas personas evitan prosperar económicamente.

A ciertas personas el dinero les hace sentirse mal por diversas razones, y a eso se debe que no dejen de ser pobres. Puede parecer una afirmación descabellada, pero es cierta. Para que tú mismo sepas qué tanto te agrada la idea de tener dinero, trata de imaginarte en las siguientes situaciones:

Situación A

Acabas de acudir al banco y retiraste 15 millones de pesos en efectivo para adquirir un auto usado. Camino a casa, te topas con un amigo y se detienen a tomar un café. Al momento de pagar, tu amigo se da cuenta de que llevas la billetera forrada de dinero.

¿Te sentirías apenado y te apresurarías a explicar por qué llevas tanto dinero, o simplemente no le darías importancia al hecho y no explicarías nada?

(SI DESEAS HACER DINERO, O AHORRARLO, TIENES QUE SENTIRTE A GUSTO CON ÉL. Si te hace sentirte incómodo, te las ingeniarás subconsciente, o incluso conscientemente, para deshacerte de él.)

Situación B

En una fiesta te topas con alguien que afirma, sin presunción, que hacer dinero es tan fácil que él ya no sabe qué hacer con tanto. ¿Qué opinarías de dicha persona y su comentario?

(PARA PROSPERAR, DEBEMOS SENTIRNOS A GUSTO CON LA PROSPERIDAD DE LOS DEMÁS. Si te has hecho a la idea de que los ricos son detestables, seguirás siendo pobre para no detestarte a ti mismo, ¿no es cierto?)

Situación C

Sales de compras con un amigo y te das cuenta que olvidaste en casa todo tu dinero. Tu amigo lleva suficiente efectivo como para prestarte un poco. ¿Cómo te hace sentirte la idea de pedirle 200 mil pesos prestados? ¿Preferirías regresar a casa por tu propio dinero?

(Es importante para tu propia prosperidad que sientas que mereces ser auxiliado. ES IMPORTANTE QUE SIENTAS QUE MERECES AYUDA (Y DINERO) DEBIDO A QUE TU CAPACIDAD DE RECIBIR DETERMINA TU PROSPERIDAD.)

Situación D

Metes la mano en el bolsillo y adviertes que acabas de perder 350 mil pesos. ¿Pensarías resignadamente: "Bueno, tal vez a otra persona le sirvan más que a mí", ¿o te atormentarías durante un mes por haber perdido el dinero de la renta?

(SI SENTIMOS DEMASIADO APEGO AL DINERO, RESULTA DIFÍCIL HACERLO Y DIFÍCIL CONSERVARLO.)

Situación E

Imagina que ganas al mes más de lo que tu padre obtiene al año. ¿Qué pensarías de eso? ¿Te sentirías "culpable" de que te fuera tan bien? ¿Cómo te haría sentirte el hecho de que él supiera lo bien que te va?

(SI ERES TORPE PARA MANEJAR EL ÉXITO, PROCU-RARÁS EVITARLO.)

¿Y YO QUÉ PUEDO HACER?

He aquí una breve relación de hechos que puedes realizar para mejorar tu situación financiera.

1. DECÍDETE A SER PRÓSPERO Y COMPROMÉTETE A REALIZAR EL ESFUERZO NECESARIO. Quiero hacer énfasis en que el esfuerzo es muy importante, pero debe combinarse con la actitud y el sistema de creencias adecuados.

2. PRIMERO AHORRA Y LUEGO GASTA EL REMANENTE. La gente pobre hace lo contrario. Primero gasta y luego piensa en ahorrar. La riqueza depende en mucho de tener un plan y luego de apegarse a él.

3. OBSERVA A LA GENTE PRÓSPERA. Procura estar cerca de alguien a quien le esté yendo muy bien. Detecta las diferencias que hay entre él y tú. Fíjate en los puntos positivos. Sé objetivo. Analiza las características y cualidades que lo mueven a actuar. Obsérvalo muy de cerca. Examina sus actitudes y trata de incorporarlas a tu propia persona.

4. PIDE AYUDA. Te sorprenderá cuánta gente estará dispuesta a ayudarte en cuanto reconozcan que tus esfuerzos por prosperar son serios. Si sabes solicitar ayuda aumentará tu capacidad de recibir.

5. CONSTANTEMENTE REPITE PARA TUS ADEN-
TROS QUE MERECES SER PRÓSPERO.

6. CONCÉDETE CAPRICHOS DE VEZ EN CUANDO.
Parte del proceso de llegar a ser económicamente independiente
es saber que te puedes dar ciertos lujos. Por otra parte, el hecho
de disfrutar el dinero que tienes se convierte en un incentivo para
ganar más.

7. PLANEA TUS ACCIONES Y DETERMINA TUS OB-
JETIVOS.

8. EXPANDE CONTINUAMENTE TU SISTEMA DE
CREENCIAS EN CUANTO A LO QUE ERES CAPAZ DE
LOGRAR. Existen cientos de libros y grabaciones sobre el éxito
personal. Si descubres una buena idea en un libro o en una
grabación, habrá valido la pena el tiempo y dinero invertidos.

9. SIEMPRE LLEVA CONTIGO ALGO DE DINERO, POR
TRES MOTIVOS. Primero, porque te sentirás más próspero.
Segundo, porque te acostumbrarás a tener dinero. Tercero,
porque al llevar dinero en la bolsa te dará mayor seguridad.
Además, eliminarás el temor a perder el dinero, lo cual es
importante para tu prosperidad.

MUCHAS PERSONAS AFIRMAN: "¡NO PUEDO LLE-
VAR DINERO CONMIGO PORQUE ME LO GASTO!". ¿Có-
mo podrán esperar jamás tener dinero si no confían en sí mismas
cuando lo tienen?

10. NO CULPES DE TUS ACCIONES A TUS PADRES, AL
CLIMA, A LA ECONOMÍA, AL GOBIERNO, A TU EM-
PLEO, A TU EDUCACIÓN O A TU SUEGRA.

11. ENFRENTA TODO RETO CON ENTUSIASMO Y
SERIEDAD. La mayor parte de las personas que han hecho
fortuna, empezaron a ganar dinero justamente cuando dejaron de
angustiarse por ello.

12. RECONOCE QUE TU POBREZA PUEDE SER UN

ESTADO MENTAL. Como ocurre con muchos padecimientos mentales: se alivian quienes creen que pueden curarse. Igual que con los males físicos, para vencer se requiere esfuerzo, iniciativa y determinación.

CAPÍTULO 2

Vivir el ahora

El presente es lo único con que cuentas

¡Vive ahora!

Lo único que tienes ahora es el presente. ¿Qué tanta es tu paz mental? ¿Qué tanta tu efectividad personal? Ambas dependen de qué tan capaz seas de vivir en el presente. Independientemente de lo que haya ocurrido ayer y de lo que pueda pasar mañana, el AHORA es el punto en el que te encuentras. Conforme a esta perspectiva, la clave de la satisfacción y la felicidad es fijar tu mente en el presente.

Una de las características maravillosas de los niños pequeños es que el presente los absorbe totalmente. Consiguen involucrarse por completo en lo que hacen, trátese de observar un escarabajo, realizar un dibujo, construir un castillo de arena, o cualquier cosa en la que decidan canalizar sus energías.

Al llegar a la edad adulta, muchos aprendemos el arte de angustiarnos por una multitud de cosas. Permitimos que los problemas del pasado y las preocupaciones del futuro se agolpen en el presente, lo cual nos torna ineficientes e infelices.

También aprendemos a posponer los placeres y la alegría, haciéndonos a la idea muchas veces de que algún día en el futuro todo marchará mucho mejor que ahora.

El estudiante de preparatoria piensa: "¡Qué feliz seré el día de mi graduación, cuando ya no tenga que obedecer a los demás!". Sin embargo, al concluir la preparatoria concibe la idea de que no será feliz sino hasta que se haya liberado del hogar paterno. Al irse de casa e ingresar a la universidad reflexiona: "¡Cuando tenga mi título entonces sí que seré feliz!". Después de titularse considera que no alcanzará la felicidad en tanto no consiga empleo.

Al fin obtiene un empleo, pero se da cuenta de que tiene que empezar desde abajo. Exactamente, aún no puede ser feliz. Con el paso de los años, continúa posponiendo su felicidad y paz mental: para cuando se comprometa, para cuando se case, para cuando compre su casa, para cuando consiga un mejor empleo, para cuando nazcan sus hijos, para cuando entren a la escuela, para cuando termine de pagar la casa, para cuando los hijos salgan de la universidad, para el día de su retiro... y se muere sin haberse permitido ser plenamente feliz. Todo su tiempo presente lo dedicó a planear un futuro maravilloso que nunca llegó.

¿Te parece que, en alguna medida, esta historia se aplica a tu propia persona? ¿Conoces a alguien que haya pospuesto su felicidad para el futuro? Lo que se necesita para ser feliz es involucrarse en el presente. Hay que decidirse a ser feliz a lo largo del camino, no nada más al llegar al destino.

Asimismo, puede ocurrir que pospongamos la convivencia con las personas que más nos importan. Hace algunos años se llevó a cabo un estudio en los Estados Unidos para averiguar cuántas horas de atención efectiva dedican los padres de clase media a sus hijos pequeños. Los sujetos investigados llevaban un micrófono en la camisa, para poder establecer con exactitud qué tanta comunicación había diariamente entre ellos y sus hijos.

El estudio demostró que, en promedio, los padres de clase media dedican a cada uno de sus hijos treinta y siete segundos de atención efectiva. Es de suponerse que muchos de los sujetos investigados tuvieran intención de dedicar más tiempo a sus seres queridos... en cuanto la casa terminara de construirse, en cuanto hubiera menos presión en el trabajo, en cuanto hubiera un poco más de dinero en la cuenta... *el hecho es que nadie puede saber a ciencia cierta si habrá para él un mañana. No contamos más que con el presente.*

Vivir el ahora quiere decir disfrutar todo lo que se hace, por el hecho mismo de hacerlo, y no por el resultado final. Si te has puesto a pintar la fachada de tu casa, bien puedes proponerte disfrutar cada brochazo, o aprender lo mejor posible el oficio de pintor, y estar consciente en todo momento de la brisa que acaricia tu rostro, del canto de las aves y de todo lo demás que ocurre a tu alrededor.

Vivir el ahora es expandir nuestra conciencia para hacer más placentero el momento presente, en lugar de evadirnos. Todos tenemos la prerrogativa, segundo a segundo, de vivir y absorber plenamente las cosas; permitir que éstas incidan en nosotros y nos afecten.

Cuando vivimos en el presente, erradicamos de nuestra mente el miedo. En esencia, el miedo es la preocupación por los eventos que pudieran ocurrir en el futuro. Dicha preocupación puede llegar a paralizarnos al punto de no permitirnos hacer prácticamente nada constructivo.

Sin embargo, sólo puedes estar expuesto al miedo intenso cuando te encuentras inactivo. Tan pronto como HACES ALGO, el miedo cede. Vivir el ahora es actuar sin ningún temor a las consecuencias. Es hacer el esfuerzo por el esfuerzo mismo, sin angustiarte por recibir una recompensa.

Vale la pena recordar que no se puede sustituir algo con nada. Si estás preocupado porque se te arruinó el auto, porque perdiste el trabajo o porque te dejó tu esposa, no es fácil poner la mente en blanco y tener tranquilidad. La mejor manera de renovar tu estado mental es actuando, involucrándote, participando. ¡HAZ ALGO! LO QUE SEA.

Llama por teléfono a un viejo amigo o establece una nueva relación, ponte a hacer ejercicio, lleva a los niños al parque o ayúdale a tu vecino a podar el césped.

EN SÍNTESIS

El tiempo no existe en realidad, salvo como un concepto abstracto en nuestras mentes. El tiempo presente es el único con el que cuentas. ¡Aprovecha el momento!

Mark Twain dijo en cierta ocasión que su vida había atravesado por momentos terribles, ¡entre los cuales algunos realmente habían ocurrido! ¿No es verdad que eso sucede? Nuestra tendencia puede ser torturarnos mentalmente, pensando en lo que podría pasar; sin embargo, si nos concentramos en el presente —que es lo único con que contamos— ¡resulta que no hay mayor problema!

Tienes que vivir el ahora.

EN ESPERA DE LAS COSAS

¿**H**as advertido alguna vez que cuando te sientas a esperar un taxi, éste nunca llega? Lo mismo suele ocurrir con otras cosas que esperamos.

Quizá alguna vez hayas esperado largamente una llamada telefónica. Después de varias horas, al fin decides hacer otra cosa y ¡oh sorpresa! en ese instante suena el teléfono.

Si nos sentamos a esperar cartas, personas, empleos magníficos, la pareja ideal o la gran aventura, éstos pueden tardar mucho en llegar. A veces no llegan jamás

He aquí un principio eficaz: "Vive la vida en el presente, y no pierdas el sueño por las cosas que vendrán". Si piensas: "Debo conseguir tal cosa a fin de sentirme feliz y realizado", probablemente las circunstancias se combinarán para que ocurra lo contrario.

EN SÍNTESIS

Aprovecha la vida en todo momento. Vive el presente. Mientras esperas que algo ocurra, realiza otras actividades. Si estás esperando que Hollywood descubra tu maravilloso talento, ¡toma unas clases de jarciería mientras eso sucede! Si tu novio se ha retrasado para llevarte al baile, ponte a leer, arregla el álbum de fotos o prepara un pastel mientras llega. El hecho de asumir este tipo de iniciativas denota que no te preocupa el resultado final.

"Desprenderse" de la situación acelera los resultados.

PERDÓN

Perdonarte tú mismo o perdonar a otro es haber decidido vivir el momento presente.

"¡Jamás se lo perdonaré a mi madre!"
"¡Eso es algo que no me podré perdonar jamás!"

¿Te resultan familiares estas expresiones? Si nos rehusamos a perdonar a otro, nuestra actitud es ésta: "En vez de solucionar las cosas, prefiero vivir en el pasado y echarle la culpa a otro (o a mí mismo)". No perdonarnos nosotros mismos, significa permanecer en una espiral de culpabilidad, y someternos a un poco más de angustia mental.

PERDONAR A OTROS

Hay quienes tienen ideas equivocadas del perdón. Piensan que si no perdonan a mamá porque actuó mal, el problema es de mamá. El problema no es de mamá, ¡sino de ellos! Cuando nos rehusamos a perdonar, NOSOTROS sufrimos. ¡Muchas veces el "culpable" ni siquiera sabe qué estamos pensando! Él sigue feliz de la vida mientras nosotros nos sometemos a una interminable tortura mental.

Si me niego a perdonar a mi cuñado por no haberme invitado a la cena de Navidad, yo soy el que sufro. A él no le salen úlceras, ni tiene insomnio, ni está molesto, ni padece un desagradable disgusto. El que sufre soy yo. ¡No es extraño que se nos mande "perdonar a los que nos ofenden"! Es la única manera de estar felices y saludables. La falta de perdón es una de las principales causas de enfermedad, porque una mente infeliz engendra un cuerpo infeliz.

Además, si culpamos y responsabilizamos a otros individuos de nuestra infelicidad, rehusamos admitir nuestra propia responsabilidad. Echarles la culpa a otros nunca le ha servido de nada a nadie. En cuanto dejamos de echarles la culpa a los demás, estamos en posición de hacer algo por mejorar las cosas. Culpar a otros es una excusa para no asumir la realidad; una excusa para no actuar.

Es posible que Fred diga: "Te perdono, pero aún no se me olvida lo que sucedió". Lo que Fred realmente quiere decir es: "Te perdono ligeramente, pero quiero guardar un poco de lo mismo por si acaso más adelante conviene que te lo recuerde". El verdadero perdón es olvidarse completamente del hecho.

En mi opinión, todos vivimos nuestras vidas como mejor sabemos hacerlo. Cometemos muchos errores, a veces actuamos con base en información equivocada, en ocasiones cometemos estupideces y, sin embargo, actuamos como mejor sabemos. Nadie piensa al momento de nacer: "¡Qué maravilla! ¡Ésta es mi gran oportunidad de dedicarme a arruinar mi vida!".

Nuestros padres nos criaron como mejor sabían hacerlo. Con base en la información con que contaban, y conforme al ejemplo que ellos mismos tuvieron, se aventuraron en ese territorio desconocido llamado "paternidad". Echarles de por vida la culpa de nuestro aborrecible empleo es inútil y destructivo.

¡Hay quienes jamás perdonan a sus padres y arruinan sus vidas solo para demostrarles cuán mal los criaron! El mensaje de este tipo de personas es: "¡Por tu culpa vivo sin dinero, solitario e infeliz; así que ahora vas a tener que verme sufrir!".

Echarles la culpa a los demás no nos lleva a ningún lado. Lo pasado, pasado. Aferrarnos al ayer no cambia nada. Echarle la culpa al clima nunca le ha servido de nada a nadie. Tampoco echarles la culpa a otros.

Cuando optamos por perdonar, un maravilloso principio entra en acción. Al sufrir nosotros una transformación, los demás también cambian. Al modificar nuestra actitud hacia los demás, ellos a su vez empiezan a cambiar su conducta. Por alguna razón, en el instante en que optamos por modificar nuestra forma de ver las cosas, los demás responden a nuestro cambio de expectativas.

Perdonarse uno mismo

Si perdonar a los demás es difícil, perdonarse uno mismo lo es más. Muchas personas se pasan la vida castigándose mental y físicamente por lo que consideran deficiencias personales. Hay quienes comen de más y quienes comen de menos, quienes beben para olvidar, quienes sistemáticamente destruyen todas sus relaciones, quienes viven una vida de pobreza y enfermedad. Todo este sufrimiento probablemente se origina en un sistema de creencias como las siguientes: "He hecho muchas cosas negativas", "soy culpable", "no merezco estar sano y feliz". ¡Te sorprendería saber cuántos enfermos no creen que merezcan estar sanos y felices!

Si sigues sintiéndote culpable actualmente, me inclino a pensar que ya te has atormentado lo suficiente. ¿Para qué prolongar la agonía? De nada te servirá.

Despójate de la culpa. No quiero decir que sea fácil. Conservar la salud mental cuesta mucho trabajo, al igual que mantener la salud física. Pero el esfuerzo vale la pena.

EN SÍNTESIS

Culpar y sentirse culpable son actitudes igualmente peligrosas y destructivas. Echarle la culpa al destino, a los demás, o a nosotros mismos, es evadir el meollo del asunto, que consiste en tomar medidas para resolver el problema. Es nuestra opción salir adelante en la vida y vivir el presente, o encadenarnos a rencores y amarguras del pasado.

FELICIDAD

"La mayoría de la gente es tan feliz como ha decidido serlo". Lo dijo Abraham Lincoln. No es lo que sucede en nuestras vidas lo que determina nuestra felicidad, sino cómo reaccionamos ante lo que sucede.

Puede ocurrir que Fred, al perder su empleo, decida que se le ha presentado la oportunidad de vivir una nueva experiencia laboral, o de explorar nuevas posibilidades e independizarse. Tal vez su hermano Bill, en las mismas circunstancias, decidiera arrojarse desde un edificio de veinte pisos para ponerle punto final a todo. ¡La misma situación para uno es alegría y para el otro pena!

Probablemente he simplificado un poco las cosas, pero el hecho es que nosotros decidimos cómo reaccionar ante la vida.

(Incluso perder el control es una decisión: "Se me están complicando demasiado las cosas, ¡creo que voy a ser insensato por una temporada!".)

Sin embargo, ser feliz no siempre es fácil. De hecho, puede ser uno de nuestros más grandes retos y, en ocasiones, exige de nosotros toda la determinación, disciplina y tenacidad de que somos capaces. Tener madurez quiere decir ser responsables de nuestra propia felicidad y optar por concentrarnos más en lo que tenemos, que en nuestras carencias.

Necesariamente estamos al mando de nuestra felicidad, porque podemos elegir nuestros pensamientos. Nosotros engendramos nuestros propios pensamientos. Para ser felices tenemos que concentrarnos en pensamientos agradables, positivos. Sin embargo, ¡con cuánta frecuencia hacemos justamente lo contrario! ¡Cuán frecuentemente ignoramos los cumplidos y en cambio recordamos comentarios hostiles durante semanas enteras! Si permites que una experiencia negativa o un comentario

"¿Te alegras o qué?"

desagradable ocupen tu mente, sufrirás las consecuencias. Ten presente que tienes el control de tu propia mente.

La mayor parte de la gente recuerda los cumplidos durante escasos minutos y los insultos durante años. Se vuelven recolectores de basura y llevan consigo inmundicias que les arrojaron veinte años atrás. Es posible oír decir a Mary: "¡No se me olvida que en 1963 fulano me dijo gorda y estúpida!". Los cumplidos que se le dirigieron incluso ayer pueden habérsele olvidado, pero aún sigue cargando con la basura de 1963.

Recuerdo que un día, cuando tenía veinticinco años de edad, me levanté con la firme determinación de dejar de ser infeliz. Me dije a mí mismo: "Si verdaderamente vas a ser feliz algún día, ¿por qué no empezar hoy?". Aquel día decidí ser mucho más feliz que nunca. Quedé sorprendido. ¡Funcionó!

Después les pregunté a otras personas que sabía eran felices cómo habían llegado a serlo. Invariablemente revelaban experiencias similares a la mía. En determinado momento de sus vidas advirtieron que ya estaban hartos de su infelicidad, amargura y soledad, y se DECIDIERON cambiar las cosas.

EN SÍNTESIS

Ser feliz puede representar gran esfuerzo. Es como mantener impecable una casa: hay que cuidar las cosas de valor y echar fuera la basura. Para ser feliz tienes que encontrar el lado positivo de las cosas. Donde alguien ve una ventana sucia, otro admira un hermoso paisaje. Tú decides qué es lo que quieres ver, y qué es lo que quieres pensar.

Kazantzakis dijo: "Tú tienes el pincel y las pinturas. Pinta el paraíso y entra en él".

PERFECCIÓN Y FELICIDAD

Si somos infelices se debe a que la vida no es como quisiéramos; la vida no cumple nuestras expectativas y por ello somos infelices.

Por lo general, creemos que seremos felices cuando se presenten ciertas circunstancias que deseamos. Pero ocurre que la vida NO ES perfecta. Así como nos brinda satisfacciones y alegrías, también nos depara frustraciones y fracasos. De manera que si decimos "voy a ser feliz cuando ocurra esto o aquello", nos engañamos nosotros mismos.

La felicidad es una decisión. Mucha gente vive la vida como si algún día fuera a llegar la "felicidad"; como si la felicidad fuera una parada de autobús. Imaginan que un día todo va a encajar en su sitio y entonces dirán: "Al fin he llegado... ¡he aquí la felicidad!". Por eso estas personas se pasan la vida esperando: "Sólo podré ser feliz cuando ocurra esto o aquello".

Todos tenemos que tomar una decisión. ¿Estamos dispuestos a recordar cada día que existe un tiempo límite para aprovechar al máximo lo que tenemos, o dejaremos escapar el presente con la esperanza de un mejor futuro?

El siguiente texto fue escrito por un hombre de ochenta y cinco años de edad que se enteró que estaba a punto de morir. Me parece sumamente relevante.

Si tuviera que vivir mi vida otra vez, trataría de cometer más equivocaciones. No sería tan quisquilloso. Viviría un poco más relajadamente. Me haría más tolerante. Sería más tonto de lo que he sido en esta travesía. De hecho, sólo se me ocurren unas cuantas cosas que volvería a tomar tan en serio. Sería un poco más loco. Un poco menos limpio.

Correría más riesgos, haría más viajes, escalaría más montañas, nadaría en más ríos, iría a más lugares desconocidos. Comería más helado y menos frijoles.

¡Tendría más problemas reales y menos problemas imaginarios!

Yo fui una de esas personas que viven profiláctica, sensata y sanamente hora tras hora, día tras día. Es cierto que viví algunos momentos extraordinarios, y si tuviera otra oportunidad viviría más momentos como ésos.

He sido de esas personas que nunca van a ninguna parte sin termómetro, bolsa de agua caliente, enjuague para la boca, impermeable y paraguas. Si tuviera que volverlo a hacer, iría más ligero de equipaje.

Si tuviera hacer todo de nuevo, andaría descalzo al llegar la primavera y me acostaría mucho más tarde en el otoño. Me subiría más veces al carrusel de los caballitos, admiraría más puestas de sol y jugaría con más niños.

Pero, como ustedes pueden ver, no puedo volverlo a hacer.

¿No te parece un hermoso recordatorio? Nuestros días en este planeta están contados. Procuremos aprovecharlos al máximo. Aquel anciano se dio cuenta al final del camino de que para ser feliz, para sacarle más jugo a la vida, no es necesario tratar de cambiar el mundo. El mundo es ya de por sí maravilloso. Uno mismo es quien debe cambiar.

El mundo no es "perfecto". El grado de nuestra felicidad es la distancia entre lo que realmente son las cosas y lo que "deberían" ser. Si dejamos de exigir que las cosas sean perfectas, nos resultará más fácil lograr ser felices. Después podremos luchar por un determinado orden de cosas y decidir, si es que ese orden por el que luchamos no se establece, que seremos felices de todas maneras.

Como dijo un gurú hindú a un alumno que buscaba desesperadamente la alegría: "Te voy a decir el secreto. Si quieres ser feliz, ¡SÉ FELIZ!"

MANEJO DE LA DEPRESIÓN

Todos pasamos por etapas en que la vida nos parece extremadamente difícil; cuando nos quedamos solos, cuando no podemos pagar nuestras deudas, cuando nos quedamos sin empleo, cuando perdemos a un ser querido. En circunstancias así nos preguntamos si lograremos sobrevivir otra semana ¡El hecho es que, de una forma u otra, generalmente lo logramos!

Puede ocurrir que perdamos la perspectiva e imaginemos que las cosas son más sombrías de lo que realmente son. Podemos pensar que el futuro es un campo minado de problemas y dudamos que alguien pueda lidiar con lo que nosotros enfrentamos.

Sería estúpido el que una persona que va a hacer un viaje de un día llevara provisiones para toda la vida. ¿No es extraño, entonces, que muchos de nosotros nos echemos encima todas las aflicciones de los próximos veinticinco años, y luego nos preguntemos por qué la vida es tan difícil? Fuimos diseñados para vivir no más de veinticuatro horas al día. Ni una más. No tiene sentido angustiarnos hoy por los problemas de mañana.

La próxima vez que te asalte la desesperación pregúntate lo siguiente: "¿Tengo suficiente aire para respirar? ¿Tengo comida para hoy?". (¡Si las respuestas son afirmativas, ya van mejorando las cosas!)

Frecuentemente no advertimos que nuestras necesidades básicas están satisfechas. Me gusta la historia del hombre que llamó por teléfono al doctor Robert Schuller. La conversación transcurrió de la siguiente manera:

—Este es el fin —le dijo el hombre. Estoy acabado. Se me terminó todo mi dinero. Lo he perdido todo.

—¿Aún puedes ver? —preguntó el doctor Schuller.

—Sí, aún puedo ver —respondió el hombre.

—¿Aún puedes caminar? —inquirió nuevamente el doctor.

—Sí, aún puedo caminar —contestó aquél.

—Evidentemente aún puedes oír —agregó el doctor Schuller. Porque de otro modo no me habrías llamado por teléfono.

—Sí, aún puedo oír.

—Es claro que aún conservas todo —dijo el doctor Schuller. ¡Lo único que perdiste fue tu dinero!

Otra pregunta que podemos hacernos es: "¿Qué es lo peor que podría pasar? Y si eso pasara, ¿seguiría con vida?". Con demasiada frecuencia exageramos las cosas fuera de toda proporción. En la mayoría de los casos lo peor que puede pasar es, sin duda, muy grave, pero no es el fin del mundo.

La siguiente pregunta que tienes que hacerte es: "¿Me lo estoy tomando demasiado en serio?". ¿Alguna vez has pasado una semana casi sin dormir por un asunto que tus amigos ni siquiera considerarían? Esto se debe a que tomamos las cosas demasiado en serio. Nos imaginamos que todo el planeta está al pendiente. Pero no es así. ¿Y si así fuera, qué? Quizá vives tu vida como mejor sabes hacerlo.

Siguiente pregunta: "¿Qué estoy aprendiendo de esta situación?". Si miramos retrospectivamente, general por lo podemos aprender de las épocas difíciles. Lo complicado es ser lo bastante equilibrados y conscientes como para aprender mientras sufrimos. La gente feliz tiende a considerar las épocas difíciles como valiosas experiencias. Mantienen la frente en alto, no dejan de sonreír, saben que las cosas habrán de mejorar y que cuando salgan de la prueba por la que están pasando serán mejores seres humanos. ¡Se dice fácil!

Otra pregunta: si el problema realmente es grave, ¿voy a estar bien dentro de cinco minutos? Una vez que hayas logrado salir adelante en esos cinco minutos, ponte como meta los cinco minutos siguientes. Consume el sufrimiento a mordiditas. Te ayuda a evitar la indigestión. También procura mantenerte ocupado. Dedícate a un trabajo que te permita volcar toda tu energía. Siempre nos sentimos mucho mejor cuando nos mantenemos ocupados.

¿Qué más puedo hacer?

Quizá la mejor manera de sentirnos en paz interiormente es hacer algo por otra persona. La autoconmiseración y preocupación excesiva derivan del hecho de estar absortos en nosotros mismos. En cuanto empiezas a hacer felices a otros, ya sea que les mandes flores, les arregles el jardín o les dediques tu tiempo, ¡te sientes mejor! Es automático, simple y hermoso.

EN SÍNTESIS

Los desastres son menos desastrosos si lidiamos solo con un problema a la vez. Mientras más pronto nos demos cuenta de la ganancia que puede derivarse de dicha experiencia, más fácilmente podremos enfrentarla.

HUMOR

En el libro de Norman Cousins, *Anatomía de una enfermedad*, el autor relata cómo se recuperó de una invalidez y cómo regresó a una vida normal y saludable. Su principal medicina: grandes dosis de risa. Cousins cree que su manera fúnebre de vivir la vida fue lo que provocó la enfermedad, y pensó que podría revertir las cosas por medio de la risa. Su terapia consistió en ver películas de los Hermanos Marx y el programa de cámara escondida hasta que los síntomas y el dolor desaparecieron. Cousins confirmó en carne propia aquel famoso refrán: "La risa es la mejor medicina".

Cuando ríes, ocurren toda clase de maravillas que benefician a tu mente y a tu cuerpo. Tu cerebro libera endorfinas, lo cual te transporta a un estado natural de exaltación y tu sistema respiratorio se ejercita como si trotaras.

La risa alivia el dolor. Solo cuando estás relajado puedes reír; y mientras más relajado estás, menos dolor sientes. De manera que las películas y libros cómicos son excelentes remedios contra el dolor. De hecho, no puedes reír y desarrollar úlceras al mismo tiempo; tienes que elegir una cosa o la otra. Lo mismo se puede decir de otras enfermedades. Con frecuencia nos enfermamos porque vemos la vida —y a nosotros mismos— de una manera demasiado tétrica. Lo que necesitamos es reír y de esta manera nos conservaremos saludables.

Vamos a suponer que estás en quiebra y que chocaste tu auto,

que tu mujer te acaba de pedir el divorcio y que el techo de tu casa está lleno de goteras. Si todo eso está ocurriendo, ¿para qué empeorar las cosas estando triste?

El arte de ser feliz implica poder reírse de los problemas en cuanto éstos surgen. En la situación anterior alguien podría perder la risa por dos años. Sin embargo, otra persona podría decidir, después de dos semanas, dejar de llorar y ponerse a reír. Por tanto, en el primer caso la persona en cuestión se la pasa triste por un periodo cincuenta veces mayor que la segunda, POR SU PROPIA DECISIÓN.

Todos sufrimos reveses. LA GENTE FELIZ NO TARDA MUCHO EN VER EL LADO GRACIOSO DE SUS DESI-LUSIONES.

Constantemente debemos recordar que somos humanos y que podemos cometer estupideces. Siempre consideramos que nuestros problemas son los más grandes del mundo. Si a los demás no les quitan el sueño, tal vez tampoco debieran quitár-noslo a nosotros.

Podemos aprender de los niños mucho acerca de la risa. Los niños felices se ríen casi de cualquier cosa. Parecen saber de manera intuitiva que el reír los mantiene equilibrados y sanos. Nacen con una sed insaciable de alegría y diversión. Es una lástima que al llegar a la edad adulta su actitud sea reemplazada por otra cuyo lema es: "La vida es todo seriedad". Los adultos insisten tanto en señalarles a los niños cuándo no deben reír —"no te rías en clase, no te rías a la hora de comer"—, que les hacen perder gran parte de su espontaneidad.

¡Una de nuestras mayores responsabilidades para con los demás es estar alegres! Cuando estamos contentos, nos sentimos mejor, trabajamos mejor y los demás desean estar junto a nosotros.

EN SÍNTESIS

La vida no es tan fúnebre. Lo que debemos desarrollar con toda la seriedad del mundo es el sentido del humor.

CAPÍTULO 3

TU MENTE

Gravitamos en dirección de nuestros pensamientos dominantes

Tu subconsciente

Imaginación

Ejercicio mental

Se recibe lo que se espera

Presta oídos a los triunfadores

La ley de atracción

Se atrae lo que se teme

Los temores desaparecen al enfrentarlos

El poder de las palabras

Gratitud

Los pensamientos son nubes invisibles que acumulan resultados para nosotros. Ellos determinan lo que cosechamos.

GRAVITAMOS EN DIRECCIÓN DE NUESTROS PENSAMIENTOS DOMINANTES

Dediquemos algunos momentos a analizar de qué manera la vida es afectada por lo que existe en nuestra mente. Quizá uno de los principios más importantes sobre la mente es que siempre gravitamos alrededor de lo que pensamos.

Hace poco conocí una mujer que me confesó: "Cuando era joven yo juraba que jamás me casaría con un hombre de apellido Smith, ni con alguien menor que yo y que nunca trabajaría lavando platos, ¡y acabé haciendo las tres cosas!"

¿Cuántas veces has escuchado este tipo de anécdotas? ¿Cuántas

"¡Si cometes otra doble falta te parto el cráneo!"

veces te has visto precisamente en la situación que siempre quisiste evitar? Habías pensado: "Lo único que no deseo que pase es... Lo único que no quiero que me pregunten es... La única estupidez que no quiero cometer otra vez es... ¿Y qué fue lo que pasó?

El principio es el siguiente: "Piensa en algo y hacia ello te dirigirás". Aun si piensas en algo que no deseas, hacia ello te encaminarás. Esto se debe a que tu mente se aproxima a las cosas, no retrocede con respecto de ellas. Si yo te digo: "No pienses en un elefante rosa con motas moradas y lentes oscuros". ¿Qué imagen brota de inmediato en tu mente? ¡Un elefante!

¿Alguna vez has pensado: "No debo olvidar eso", y al rato se te olvida? Lo que pasa es que tu mente no puede moverse en sentido negativo con respecto a lo que se desea. Puede recordar algo pero solo si tu pensamiento es: "Deseo acordarme de tal cosa".

Estar conscientes de esta forma de operar de la mente nos hace más cuidadosos en cuanto a lo que decimos a los demás y en cuanto a lo que nos decimos nosotros mismos. Si le dices a tu sobrinito: "No te vayas a caer del árbol", ¡en realidad estás contribuyendo a que se caiga! Si tú piensas: "No quiero olvidarme del libro", ya estás en proceso de olvidarlo.

Esto se debe a que tu mente funciona con márgenes. Cuando piensas: "No quiero olvidar el libro", en tu mente se forma la imagen de que vas a olvidarlo. Aunque digas: "No quiero tal cosa", tu mente sigue operando en función de la imagen. Cuando dices: "quiero acordarme del libro", te formas una imagen mental de ti mismo recordando la acción que tienes que llevar a cabo.

Tu mente sencillamente no opera —y no puede operar— en función del reverso de una idea. Por lo tanto, cuando el instructor le grita al jugador: "¡Que no se te escape la pelota!", en realidad lo está metiendo en aprietos. Si dices a tus hijos: "No vayan a romper el jarrón de porcelana de abuelita", ¡estás invocando un desastre!

Muchos padres frustrados podrían mejorar su situación empleando un lenguaje que evoque imágenes del resultado deseado en la mente de sus hijos. Así pues, en vez de decir :"¡No grites!", podrían exigir: "Por favor, cállate", y en lugar de decir: "No te eches el espagueti encima", podrían recomendar: "Come con cuidado". Quizá te parezcan diferencias sutiles, pero son muy importantes.

Este principio puede explicar por qué en quince años no le hiciste ni un rasguño a tu carcacha... ¡y el día que te entregan en la agencia tu automóvil último modelo te las arreglas para abollarle todo el frente! Es muy peligroso conducir un auto con la consigna: "Pase lo que pase, no debo chocar". El pensamiento debe ser: "Manejaré con cuidado".

El tenista que gana los grandes torneos es aquel que durante el juego piensa: "Quiero este punto. ¡Este punto es mío!". El perdedor es el que siempre razona así: "¡Más vale que no desperdicie este tiro!"

Aquel que señala: "no quiero estar enfermo", libra una batalla cuesta arriba para restablecerse, y las personas que llenan su mente con pensamientos como "no quiero estar solo", "no quiero estar sin dinero" y "espero no echar todo a perder", pueden verse justo en la situación que no deseaban.

EN SÍNTESIS

El pensamiento positivo realmente funciona porque quienes lo invocan tienen en mente lo que quieren. Por consiguiente gravitan necesariamente hacia sus metas. Siempre debes pensar en lo que deseas.

TU SUBCONSCIENTE

Es probable que conozcas, al menos vagamente, cómo funciona tu subconsciente y, sin embargo, quizá te resulte difícil definirlo. Se han escrito cientos de libros acerca del poder del subconsciente.

En pocas palabras, obtenemos lo que nuestro subconsciente crea que podemos lograr. Su efecto y dominio abarca tanto que William James, conocido como el padre de la psicología norteamericana, lo consideró el descubrimiento más importante de cuando menos los últimos cien años.

Tu mente es como un iceberg; tú estás más consciente de la parte visible, pero la de mayor peso es la porción oculta. Todos tus pensamientos conscientes contribuyen a la formación de tu subconsciente. Para aprender a comer con cuchillo y tenedor, tuviste que hacer un gran esfuerzo consciente. Con el tiempo, tu habilidad con los cubiertos se convirtió en parte de tu programa subconsciente, ¡a tal punto que ahora difícilmente dejarías de atinar a tu boca! Tus funciones corporales, actitudes y todas tus habilidades están grabadas en tu subconsciente.

Si le preguntas a una mecanógrafa que escribe ochenta palabras por minuto la posición de las teclas en la máquina de escribir, ¡la pones en aprietos! Ella puede oprimir cinco teclas por segundo con los ojos cerrados, utilizando el subconsciente, ¡pero no conoce conscientemente la distribución de las teclas! ¿No te parece fascinante?

Claude Bristol, en su libro *La magia de creer*, afirma: "Así como la mente consciente es la fuente del pensamiento, el subconsciente es la fuente del poder". Tu subconsciente contiene los "programas" para caminar, hablar, resolver problemas mientras duermes, aliviarte, salvarte la vida en ocasiones de peligro y mucho, mucho más.

El subconsciente abarca el total de pensamientos conscientes que has generado hasta la fecha, y los resultados que has obtenido en tu vida son producto de lo que en ella has depositado. Tus programas subconscientes son los responsables de tus éxitos y tus fracasos. Más aún, no importa si lo que tu subconsciente cree ser cierto lo es en realidad. Los resultados que obtengas se apegarán a lo que tus programas internos "decidan".

Por ejemplo, si en tu manera de caminar, hablar y pensar invariablemente subyace el "éxito", con seguridad desarrollarás la expectativa subconsciente de triunfar. Atraerás el éxito y lo manifestarás.

Si con frecuencia piensas en la enfermedad y hablas sobre tu propia dolencia, tu subconsciente elaborará patrones de enfermedad y estarás expuesto a la mala salud. Al momento de enfermarte quizá no pienses conscientemente acerca de la enfermedad. Puedes alegar que no querías enfermarte, que jamás pensaste enfermarte y que nunca lo esperaste. Sin embargo, tu

subconsciente te habrá vuelto vulnerable, y lo seguirás siendo hasta que no lo reprogrames.

El subconsciente es milagroso para resolver problemas. Quizás alguna vez te hayas ido a la cama con la necesidad de encontrar la solución a un problema. Finalmente, decides dejar de preocuparte y dormir. Al despertar a la mañana siguiente descubres que tu subconsciente encontró la respuesta y se la ha comunicado a tu mente consciente.

No es fácil tratar de entender plenamente el funcionamiento de la mente, ¡sobre todo teniendo en cuenta que el cerebro humano es la máquina más compleja conocida por el hombre!

EN SÍNTESIS

Todos los días creas programas nuevos en tu subconsciente por medio de tus pensamientos. ¡Así que ten cuidado con lo que piensas! Utiliza tu mente como lo hacen las personas con éxito. Empléala como los grandes compositores, académicos, artistas, inventores y deportistas. Establece metas en tu subconsciente como si ya las hubieras alcanzado. Por ejemplo, si deseas ser una persona segura de sí misma, por medio de tu imaginación creativa visualízate resplandeciendo de seguridad todo el tiempo. Observa la meta como si ya la hubieras alcanzado y tu mente interior se encargará de producir el resultado ideal.

Si deseas prosperar económicamente, emplea el mismo principio: visualiza todo el tiempo el resultado ideal. Piensa que ya disfrutas del éxito y de la prosperidad que deseas, y tu subconsciente hará el resto. Este principio opera de manera invariable e infalible. Mucha gente se obstina en exigir explicaciones lógicas, tratando de entender su funcionamiento, mientras que sus vecinos aprovechan estas leyes de la mente para tornarse salu-

dables, prósperos y felices. *"Si funciona, aprovéchalo"*. Después preocúpate por entenderlo.

IMAGINACIÓN

La imaginación es más importante que el conocimiento.
Einstein

La imaginación gobierna el mundo.
Disraeli

Se ha calculado que el setenta por ciento de nuestro aprendizaje ocurre en los seis primeros años de vida; así de grande es nuestra habilidad para absorber cosas nuevas en esos años de infancia. También durante esa época nuestra imaginación es más fértil.

El segundo punto explica el primero. Necesitamos de una gran imaginación para aprender rápida y fácilmente. Por lo tanto, tenemos que mantener un saludable respeto por la imaginación creativa y, de hecho, estimularla y desarrollarla en la edad adulta.

En ocasiones algún padre de familia señala: "Me preocupa el pequeño Johnny, ¡tiene una imaginación increíble!". Otros padres creen que la imaginación de los niños solo sirve para divertir a los adultos.

A decir verdad, la imaginación es la clave para todo aprendizaje y para la solución de los problemas; de ahí que los Edisons y Einsteins del mundo hayan tenido una gran imaginación. Por ejemplo, Albert Einstein llegó a sus conclusiones científicas sobre el tiempo y el espacio imaginando que viajaba entre los planetas, montado sobre los rayos de la luna. Su habilidad para pensar como niño le ayudó a convertirse en un gigante entre los intelectuales.

La imaginación también es importante para la memoria. He aquí una razón por la cual la gente de edad avanzada suele tener mala memoria: han permitido que su imaginación se deteriore a tal grado, que ya no crean imágenes, y por tanto su mente no puede aprobarlas. Siempre que archivamos información en nuestros bancos de memoria, empleamos la imaginación y la

fuerza de la visualización para formar una imagen. La efectividad con que creamos la imagen determina cuán fácilmente podemos evocar otra vez dicha información.

Además, la imaginación es esencial para relajar el cuerpo y la mente. Si eres capaz de sentirte inmerso en un escenario creado por tu imaginación, por ejemplo, en una playa, podrás relajarte a voluntad. ¡Qué cualidad tan valiosa! Por el contrario, a alguien que no posea una imaginación tan desarrollada le será más difícil relajarse.

EN SÍNTESIS

Ejercita la imaginación en la misma forma que ejercites el cuerpo. Mientras más la desarrolles, más fácilmente resolverás problemas y recordarás las cosas.

LA IMAGINACIÓN Y LOS SOÑADORES

Los máximos logros al principio y por un tiempo son un sueño. El roble duerme en la simiente; el ave aguarda en el huevo; y en la visión más elevada del alma, un ángel empieza a despertar. Los sueños son las semillas de las realidades.

James Allen.

Debemos valorar nuestra imaginación, nuestra capacidad de soñar, ya que los soñadores han sido quienes más han logrado desde el principio de la historia. Combinando esfuerzo con aspiraciones lograron contribuciones sin par.

Leonardo de Vinci, a los doce años de edad, prometió: "Seré uno de los más grandes artistas que el mundo haya conocido, y algún día viviré entre reyes y me pasearé con príncipes.

Cuando niño, Napoleón se pasaba largas horas conquistando Europa mentalmente, soñando que dirigía y organizaba sus tropas. El resto es historia.

Los hermanos Wright transformaron sus sueños en aviones; Henry Ford llevó a la línea de ensamble el automóvil, accesible a todo mundo, que tanto había soñado.

Desde niño, Neil Armstrong anhelaba dejar huella en el campo de la aviación. En julio de 1969 fue el primer hombre que caminó sobre la Luna.

Todo comienza como un sueño. Aférrate a él. Como dice la canción: "Si jamás tienes un sueño, jamás un sueño se te hará realidad".

EJERCICIO MENTAL

Veamos ahora cómo puedes utilizar la imaginación para mejorar el desempeño de tus actividades.

Hace algunos años el *Reader's Digest* publicó los resultados de un experimento realizado en cierta preparatoria. Para el experimento —que pretendía medir la destreza para encestar en el basquetbol— se formaron tres grupos de estudiantes con aproximadamente la misma habilidad deportiva. El primer grupo practicó tiros libres durante una hora, todos los días, por espacio de un mes. El segundo grupo no entrenó. El grupo número tres realizó mentalmente los tiros durante una hora todos los días.

El grupo que practicó físicamente, mejoró su promedio de tiro en un dos por ciento. El grupo que no entrenó, bajó su rendimiento en un dos por ciento. ¡El grupo tres, cuya práctica se realizó mentalmente, mejoró en un tres y medio por ciento!

Esto demuestra lo que mucha gente parece saber: practicar con la imaginación produce resultados extraordinarios. ¿Alguna vez practicas mentalmente un tiro de golf, ensayas una entrevista, o imaginariamente echas en reversa tu automóvil para estacionarte, antes de hacerlo en realidad? Eso es ensayo mental, y muchos lo hacemos cotidianamente sin pensarlo. Se trata del proceso infantil de la imaginación, y su valor es enorme.

Siempre que llevas a cabo una acción, por ejemplo, pegarle a una pelota de golf, tu cuerpo responde al "programa" grabado en tus neuronas. Si tienes un buen programa, realizarás buenos tiros. Si pasas un programa con la frase "no puedo", vas a errar muchos tiros. Por supuesto, al practicar más en el campo, vas afinando gradualmente tus programas, de modo que cada vez tirarás mejor.

Hoy en día mucha gente considera que la única manera de adquirir mayor destreza, en este caso el golf, es practicar físicamente. ¡De ninguna manera! Desde luego, puedes crear nuevos patrones en tus neuronas por medio de la práctica física del deporte, pero ése no es el mejor camino. La manera más rápida de mejorar cualquier habilidad es combinar un entrenamiento físico constante con un entrenamiento mental constante.

Recientes descubrimientos científicos han demostrado que cuando te visualizas tú mismo realizando determinada acción, alteras tus programas mentales de la misma manera que cuando en realidad la llevas a cabo. Tu cerebro experimenta cambios electroquímicos en sus células, lo cual genera nuevas conductas. Más aún, suponiendo que queramos llevar estos patrones neuronales a la perfección, el único sitio donde podemos lograr un desempeño perfecto es en la mente. Así pues, para obtener mejores resultados se requiere de la práctica tanto física como

mental. Practicando mentalmente, sentado en un sofá, puedes mejorar tu destreza en el golf, tu capacidad para hablar en público y tu seguridad personal, tu habilidad al volante y cualquiera otra actividad que elijas.

Constantemente se ha comprobado este principio por medio de experimentos en circunstancias controladas. En su obra clásica *Psycho - Cybernetics*, el doctor Maxwell Maltz cita ejemplos de tiradores de dardos y jugadores de basquetbol que han mejorado significativamente su desempeño por medio de estas técnicas. Los atletas olímpicos y los deportistas profesionales visualizan de manera intuitiva sus acciones, y por ello es frecuente observarlos en el campo de juego con los ojos cerrados. Lo que hacen es implantar patrones de desempeño sobresaliente en el subconsciente, con lo que en realidad mejoran su nivel de juego. No es mi intención negar el valor de la práctica y esfuerzo verdaderos; lo que quiero es enfatizar el hecho de que visualizar un resultado perfecto nos ayuda a darnos cuenta de nuestro potencial, mucho antes y con mucho menos esfuerzo.

EN SÍNTESIS

El gran valor del ensayo mental es que puedes crear en tus neuronas patrones de acción perfectos. En tu imaginación no cometes errores. De aquí se desprende que si constantemente imaginamos los resultados que no deseamos, ¡ésos serán los que obtendremos! Mucha gente vive así toda la vida, ¡pensando en aquello que más teme y preguntándose por qué siempre les sucede! Más adelante abundaré al respecto.

A partir de este momento, intenta perfeccionar tus habilidades por medio de la imaginación. Trátese de impartir una cátedra, entrar en un salón con gente, hacer una llamada telefónica difícil, o esquiar por primera vez, antes de poner manos a la obra dedica un poco de tiempo y visualízala mentalmente. Las personas más exitosas del mundo lo hacen. ¡Úneteles!

SE RECIBE LO QUE SE ESPERA

Por lo general recibimos lo que esperamos de la vida. El tenista piensa: "Si no me cuelgo mi patita de conejo, voy a perder". Y está en lo cierto. Pero no es la garrita peluda la que tiene poderes, sino la mente del jugador. Lo mismo sucede con los gatos negros, los viernes trece y el hecho de pasar por debajo de unas escaleras.

Si Mary considera que "nadie viene a verme más que cuando la casa está hecha un desastre", verá repetirse dicho patrón una y otra vez. Si Fred, su marido, afirma que le da gripe una vez al año, puede estar seguro de que así le ocurrirá. Asimismo si Fred considera que "siempre que me sobra un poco de dinero, surge un gasto inesperado y me quedo sin nada", siempre se quedará sin nada.

Los doctores advierten que sus pacientes tienden a curarse más en función de sus propias expectativas, que de lo que sugiere la prognosis. El doctor Carl Simonton, en su experiencia con pacientes de cáncer en los Estados Unidos, ha hecho especial hincapié en que la recuperación de los pacientes, en repetidas ocasiones, es reflejo de sus propias expectativas.

"¡Las cuatro en punto! ¡Es hora de mi migraña!"

Aquel que se queja: "La gente siempre me ignora, me trata mal, se aprovecha de mí", será maltratado por la vida. Quien piensa: "La gente siempre me trata bien", recibe buen trato.

EN SÍNTESIS

¿Qué significa todo esto? Significa que nosotros estamos al mando. Tú decides lo que piensas. Tú decides qué poner en tu mente y, por tanto, determinas lo que recibes a cambio.

Intenta conocer personas realmente felices. ¡No es fácil hallarlas! Trata de encontrar personas que vivan vidas miserables y anhelen que la vida se torne maravillosa. Tampoco se les encuentra fácilmente. La vida nos depara, en buena medida, lo que de ella esperamos.

LA LEY DE ATRACCIÓN

¿Alguna vez te has puesto a pensar en cierta persona a quien no has visto durante meses, y te topas con ella justamente esa mañana? Te ha sucedido que el día que le escribes a un amigo que no has visto desde hace mucho tiempo, recibes una carta de él? ¿Has encendido la radio y escuchas la vieja canción que estabas tarareando justo en ese instante? ¿Alguna vez te has visto en la casa o en el empleo que soñaste años atrás? ¿Todo esto se debe simplemente a un esfuerzo consciente?

Algunas personas califican de coincidencias este tipo de situaciones. Yo creo que se trata de un principio operativo más poderoso. Tu mente es un imán y atraes aquello en lo que piensas. Los mismos principios de magnetismo y atracción que se presentan en el mundo "físico" operan en el plano invisible.

Cuando me lo dijeron por primera vez, pensé: "¡Qué estupidez! ¿Cómo puede ser que mi mente atraiga cosas, o las provoque?". Sin embargo, consideré que valía la pena averiguar si

otros avalaban esa misma teoría. Si acaso era verdad que nuestra mente atrae cosas, yo quería comprobarlo.

Adquirí diversos libros sobre la mente: científicos, metafísicos, espirituales, y algunos que ofrecían métodos para lograr el éxito. Para mi sorpresa, todos llegaban a conclusiones similares con respecto de la naturaleza magnética de la mente humana. Pensé que debía tratarse de una coincidencia, de modo que compré más libros... y más, y más. Consulté cerca de doscientos. Eran obras de autores diversos, de todas partes del mundo y de muy variadas filiaciones religiosas y filosóficas. Todas decían básicamente lo mismo: "Atraes lo que albergas en tu mente. Tu mente es un imán". Empecé a sospechar que, después de todo, era posible que hubiera fondo en el asunto.

Me puse a practicar con la mente, tal como lo recomendaban los libros ¡y entonces realmente quedé convencido! En la actualidad imparto seminarios sobre el uso correcto de la mente, en los que mis alumnos aprenden a sacar provecho de sus pensamientos.

PRESTA OÍDOS A LOS TRIUNFADORES

Una de las primeras cosas que descubrí acerca de las leyes de atracción y el milagro de la mente, ¡es que todas las personas con éxito ya conocen estos principios! Cuando les anunciaba alguno de mis más recientes descubrimientos, solían responder: "Yo he estado utilizando ese método desde hace años".

También descubrí que las personas infelices no creen que estos principios puedan servirles para beneficio personal. ¡Preferí escuchar a los individuos felices!

Podrían escribirse volúmenes enteros de lo que diversos autores han dicho sobre el poder creativo de la mente, pero en aras de la brevedad, me limitaré a unas cuantas citas.

En su best-seller clásico, *Piense y vuélvase rico*, Napoleón Hill escribe: "...nuestros cerebros se magnetizan con los pensamientos dominantes que albergamos en la mente; y por medio de procesos que nadie conoce, estos 'magnetos' atraen las fuerzas, personas y circunstancias que armonizan con dichos pensamientos dominantes".

En su obra, *Piensa como hombre*, James Allen señala: "...el hombre tarde o temprano se da cuenta que él es el labrador de su propia alma, el responsable de su vida. También descubre interiormente las leyes del pensamiento y comprende, cada vez con mayor exactitud, que las fuerzas del pensamiento intervienen en la edificación de su carácter, circunstancias y destino". Después agrega: "El hecho de que el pensamiento crea circunstancias, es sabido por todo el hombre que durante un periodo de tiempo ha practicado el control de sí mismo...".

En *La magia de creer*, Claude Bristol habla del poder de atracción que tiene la mente: "Nuestras ideas que evocan temor atraen problemas con la misma eficacia con que los pensamientos positivos y constructivos atraen resultados positivos. De manera que, sea cual fuere el tipo de pensamiento, éste tiende a propiciar lo que es afín a su propia naturaleza". Más adelante señala: "Lo que parece coincidencia no lo es en absoluto, sino más bien es el desenlace del patrón que tú mismo empezaste a tramar".

Con la intención de explicar el poder de atracción de la mente, Bristol afirma que las ondas de radio atraviesan fácilmente madera, ladrillos, acero y otros objetos sólidos, y sugiere la posibilidad de considerar de manera semejante la vibración del pensamiento. Él se hace esta pregunta: "Si las ondas de pensamiento —o lo que sean— pueden elevarse a frecuencias aún más altas, ¿por que no habrían de afectar las moléculas de objetos sólidos?".

Ahora voy a citar, en torno al mismo tema, a Shakti Gawain, autora de *Visualización creativa*. Ella considera que "los pensamientos y sentimientos tienen su propia energía magnética, que atrae energía de la misma naturaleza... Según este principio, todo lo que emites hacia el universo se te refleja. Esto significa, desde un punto de vista práctico, que siempre atraemos hacia nuestras vidas aquello en lo que más pensamos, aquello en lo que más creemos, lo que esperamos en los niveles más profundos y/o lo que imaginamos más vívidamente".

Richard Bach escribió: "Atraemos magnéticamente hacia nuestras vidas lo que albergamos en nuestros pensamientos".

No puede decirse que los pensamientos son "nada", porque en realidad los pensamientos son "algo". Para que puedas pensarlo, tiene que existir. ¡Tiene que ser una cosa! y como es una "cosa" con energía propia, un pensamiento necesariamente tiene que estar sujeto a leyes y principios como todo lo demás que existe en el planeta.

Posiblemente, si se analiza desde esta perspectiva, resulte

más fácil reconocer que la ley de atracción es tan real y poderosa como la gravedad y la electricidad.

La lista podría prolongarse indefinidamente. Mi propósito al escribir este libro es intentar ayudarte a comprender, amigo lector, la manera en que tu mente contribuye a generar los resultados que obtienes. No pretendo que aceptes estos conceptos a ciegas, sin someterlos a prueba. También quiero subrayar firmemente aquí —como a lo largo de todo el libro— *que el ejercicio del poder mental no es un sustituto de la acción. Más bien, el adecuado uso de la mente te permitirá lograr tus metas mucho más rápida y fácilmente que de otro modo.*

EN SÍNTESIS

Tu mente es un magneto. Piensa en lo que deseas, y lo conseguirás.

Imagina que tus pensamientos son nubes invisibles que se levantan para acumular resultados. Disciplinando tus pensamientos determinas los resultados que obtendrás.

SE ATRAE LO QUE SE TEME

Como las cosas que más amamos y las que más tememos tienden a ocupar nuestros pensamientos gran parte del tiempo, atraemos justamente esas cosas. ¿Alguna vez has echado a perder completamente una nueva muda de ropa la primera vez que te la pusiste? Justo cuando pensabas: "No quiero ensuciar esta camisa nueva tan bonita", tu bolígrafo empezaba a chorrear tinta dentro del bolsillo superior.

¿Cuántas veces alguien dice: "En los siete años que tuve la carcacha no le hice ni un rasguño. En cuanto me entregaron mi automóvil nuevo, me empezaron a chocar".

Antes mencioné a cierta dama que sufrió cinco accidentes en siete años. Al final, se dio cuenta de que había albergado temores a tal extremo, que atrajo lo que deseaba evitar.

Incluso si pensamos: "No quiero que pase equis cosa", gravitaremos justamente hacia eso. Nuestra mente no puede desplazarse en sentido negativo con respecto a las cosas; no puede más que moverse hacia ellas.

Ello explica por qué de niño, cuando entrabas a hurtadillas a la cocina, tomabas una dotación descomunal de galletas y salías con todo sigilo... ¡TE PESCABAN! De pronto, aparecía tu padre de la nada. Tu pensamiento dominante era: "Voy a coger unas galletas y espero que no me descubran, porque me iría muy mal". ¡Y te atrapaban!

Puede haberte sucedido que al salir con tu nueva pareja

pensaras: "Qué pena si de pronto apareciera mi exnovia". No hace falta decir lo que pasó.

¿Alguna vez se te ha ocurrido pensar, en vísperas de un evento especial o de una fiesta: "Espero no enfermarme porque esto no me lo quiero perder"?. Al final, resultó que te enfermaste y te lo perdiste. ¿No es cierto? Es fascinante cómo opera la mente.

Recientemente en una revista se publicó un artículo acerca de un habitante de Nueva York, de nombre Pete Torres, quien había sufrido quince asaltos desde 1968. Sobra decir que no se trata de un récord muy envidiable. Aunque Pete afirma que él no hace nada para propiciar esos ataques, de hecho contribuye a atraer sus desgracias. Su pasión son las películas de horror. Todo su tiempo libre lo dedica a saturarse de apuñalamientos, asaltos y robos. Impregna su mente de historias de terror —evidentemente le gusta asustarse—, y después se pregunta por qué la vida en las calles de Nueva York es una interminable historia de horror.

Este mismo principio se manifiesta en la pobreza y la mala salud. Si no paramos de comentar, pensar y leer acerca de "cosas malas", gravitaremos subconscientemente —o aun conscientemente— hacia ellas. La gente exitosa se desplaza hacia el éxito. Los fracasados tratan de escapar del fracaso. El más importante principio mental que puede transformar a los perdedores en triunfadores es "concentrarse en lo que uno quiere".

Sería absurdo ir a la tienda de la esquina y decir al dependiente: "No quiero leche, no quiero mantequilla y no quiero queso", y suponer que regresaremos a casa con la misión cumplida. Sin embargo, la mayoría de la gente se tambalea por la vida, quejándose de lo que carece y hablando de lo que quiere evitar. Ése es un callejón sin salida. Tenemos que concentrarnos en lo que queremos.

Al abundar en este tema descubrimos el principio llamado

"miedo a las pérdidas". Cuando tememos perder algo, nos colocamos en posición de perderlo. Esto se aplica a esposos, novias, carteras, raquetas, tenis y autoestéreos.

De cuando en cuando nos enteramos en los periódicos de personas que frecuentemente sufren asaltos en sus domicilios. A pesar de cerrojos, sistemas de alarma, cadenas y pastores alemanes, sus casas parecen estar abiertas de par en par para los ladrones.

Estas leyes obran con el mismo poder en nuestras relaciones amorosas. Cuando tememos perder el amor de alguien, de inmediato nos ponemos en peligro de perderlo. Sin duda, aquí la moraleja es: "Concéntrate en lo que tienes y disfrútalo. No pienses en perder lo que posees".

Enfoca tu atención en lo que deseas. Si dejas que tus temores te obsesionen, éstos te abrumarán. En realidad, el principio de atraer lo que se teme es hermoso. Implica el reto de enfrentar nuestros miedos y, mediante ello, superarnos. ¿Cómo podremos evolucionar si las cosas que tememos se alejan de nosotros? ¿Cómo desarrollarnos si nunca enfrentamos lo que nos atemoriza?

En cuanto al temor de perder algo, las leyes universales nos instan a mantenernos firmes. Si pensamos que cierta pérdida nos arruinaría la vida, y nos obsesionamos con esa idea, ¡quizá las leyes universales nos demuestren que podemos vivir perfectamente sin aquello que tanto tememos perder!

Si consideras que la vida no tiene sentido sin tu automóvil último modelo, probablemente tendrás que experimentar lo que se siente vivir sin él. Si tu actitud es: "Disfruto mi auto, pero puedo ser igualmente feliz sin él", es de esperarse que lo conservarás todo el tiempo que deseas. Las circunstancias nos ayudan a aprender y a fortalecernos.

Debemos disfrutar lo que tenemos y vivir el presente. Temer

pérdidas no es vivir en el presente. Temer pérdidas es vivir en el futuro.

LOS TEMORES DESAPARECEN AL ENFRENTARLOS

Otro principio fascinante es que cuando finalmente desarrollamos el valor necesario para enfrentar un problema, con frecuencia, éste desaparece.

En cuanto hacemos acopio de valor para realizar una difícil llamada telefónica, suele suceder que, de pronto, desaparece la necesidad de hacerla. Sufrimos semanas enteras pensando que tenemos que despedir a la secretaria, y cuando finalmente se lo comunicamos, ¡resulta que ella estaba ansiosa por irse! Naturalmente, las cosas no siempre se presentan de esta manera, y en ocasiones es necesario enfrentar la situación con todas sus consecuencias.

Seguramente, alguna vez te has visto en la necesidad de hacer algo que te pareciera difícil o particularmente bochornoso. Sin embargo, al momento de llevarlo a cabo advertiste que no era ni la mitad de terrible de lo que habías pensado. ¿Cuántas veces has notado que pensar en alguna actividad es mucho más doloroso que realmente llevarla a cabo?

EL PODER DE LAS PALABRAS

Determinarás asimismo una cosa, y te será firme.
(Job 22. 28)

Nuestras palabras determinan lo que recibimos. Así como los pensamientos afectan nuestras circunstancias, también las palabras. Nuestras palabras forjan nuestra actitud y determinan lo que habremos de atraer y experimentar.

Cuando nos interesamos seriamente en ser felices, tenemos cuidado al hablar. Porque así lo hemos decidido, hablamos positivamente sobre nosotros mismos y evitamos sobajarnos. No se trata de imaginar que uno es perfecto, sino de integrar uno de los elementos que nos hacen tomar conciencia de que no es posible sentirse bien con uno mismo si no dejamos de quejarnos de nuestra propia persona, del trabajo, de los amigos, de los parientes y de todos los que nos rodean.

Hace poco me visitó un individuo quien me dijo:

— Ya estoy harto de sentirme infeliz y deprimido. Estoy harto de ser una carga para mi familia. ¡Quiero ser feliz! ¿Qué tengo que hacer para lograrlo?

— Lo primero que debes hacer —le respondí— es limitarte a abrir la boca sólo cuando tengas algo positivo o constructivo que decir. Te encantará el cambio ¡Y también a tu familia!

Lo vi una semana más tarde y aún continuaba afligido.

— Quisiera ser feliz y no lo soy—me comentó. ¿Cómo puedo lograrlo?

— ¡La semana pasada te di mi mejor consejo! —le contesté.

— Sin embargo sigo sin estar feliz —insistió.

— Bien que lo sé —le dije. ¡Y la razón es que todavía no has tomado el asunto con la suficiente seriedad! Serás feliz cuando en verdad te lo propongas.

Ignoro si ya habrá captado el mensaje. Tiene que reconocer que nadie más que él mismo es responsable de sus palabras. Llegado el momento, también tendrá que asumir la responsabilidad de sus pensamientos; tendrá que considerar muy seriamente qué tipo de pensamientos debe albergar en su mente.

Es muy simple. Cuando una persona verdaderamente está harta de ser infeliz, modificará su actitud. Cambiará su manera de hablar. Se requiere disciplina y esfuerzo, pero el asunto es simple. Disciplinarnos para controlar lo que decimos y pensamos exige que nos diferenciemos de la muchedumbre. Tal es la naturaleza de la excelencia.

Algunas personas asumen la siguiente actitud: "Haré lo que sea por ser feliz, siempre y cuando no tenga que cambiar nada de mí mismo". Ésa no es la clase de compromiso que se debe adoptar para mejorar.

Con frecuencia, la cuestión de la salud mental se torna injustificadamente compleja. El paciente acude al doctor o al psiquiatra para que le pongan una etiqueta a su problema. De ahí en adelante dispone de algo a quién culpar: su "problema". Ahora cuenta con un monstruo, casi con vida propia: su "enfermedad".

Es posible que el paciente haya tenido muchos traumas, dolores y frustraciones hasta ese momento. Sin duda, merece nuestro afecto y comprensión. Sin embargo, lo más amable que uno puede hacer por él es ayudarle a reconocer su propia responsabilidad. El meollo del asunto sigue siendo: ¿qué hará esta persona, a partir de mañana, para volverse feliz?

Las palabras afectan nuestro poder personal.

Las palabras que empleamos se filtran constantemente en nuestro subconsciente y se convierten en parte de nuestro carácter y de nuestra persona. Ellas revelan a los demás con exactitud qué tanta es nuestra seriedad y nuestro compromiso por obtener resultados positivos.

Algunas palabras suelen minar nuestro progreso. Siempre que utilizamos la palabra "tratar", damos a entender que no tenemos el control de la situación. Si vas a "tratar" de hacer bien

el trabajo, o a "tratar" de llegar a tiempo, o a "tratar" de ser feliz, estás suponiendo que quizá lo hagas o quizá no. Sustituir la palabra "tratar" por una afirmación categórica implica un reto, y nos acarreará mejores resultados. Pueden parecerte detallitos, pero son importantes para forjar la impresión que causamos en los demás y en nosotros mismos.

La expresión "no puedo" también menoscaba nuestro poder personal. Decir simplemente "no", en lugar de "no puedo", suele ser más exacto. Por ejemplo, señalar: "No te veré mañana" indica que tienes el control de la situación y que has tomado una decisión. "No voy a aprender a nadar", implica que no estás preparado para hacer el esfuerzo necesario ¡Pero podrías hacerlo si en verdad —*en verdad*— lo desearas!

LAS PALABRAS AFECTAN NUESTRA MEMORIA

Muchas personas insisten en su pésima memoria. ¿Y qué tal es en realidad la memoria de dichas personas? ¡Pésima! Se recibe lo que se espera, y nuestras palabras afectan nuestro desempeño.

Con respecto de la memoria, los investigadores afirman que, en realidad, jamás olvidamos algo. Tenemos toda la información en la mente. El problema es evocarla. Ello explica por qué de pronto "olvidamos" el nombre de una persona y lo recordamos al día siguiente. El nombre no huyó de la mente y regresó veinticuatro horas más tarde. Estuvo ahí todo el tiempo, pero al principio no podíamos evocarlo.

Las palabras afectan el subconsciente, y la memoria está estrechamente ligada a éste. Si de manera constante alimentas tu subconsciente con el programa "recuerdo las cosas", notarás que tu capacidad de evocación aumenta drásticamente.

AFIRMACIONES

Una afirmación es un pensamiento positivo que evocamos repetidamente. Utilizar afirmaciones te permite elegir pensamientos de calidad e implantarlos en tu subconsciente para sentirte y actuar mejor.

Supongamos que vas manejando por la carretera y tienes un dolor de cabeza insoportable. He aquí la oportunidad de combinar el poder de las palabras con el poder del pensamiento. Tienes que repetir continuamente la siguiente frase: "¡Siento la cabeza de maravilla!".

En cuanto empieces a decirlo, una vocecita interior responderá: "¡No mientas, viejo! ¡La verdad es que te sientes de lo peor!".

Sin embargo, si persistes en las afirmaciones positivas, éstas se arraigarán en tu subconsciente. Con toda seguridad empezarás a sentirte mejor, y probablemente media hora después se te ocurrirá pensar: "Hace un rato me dolía la cabeza. Ya se me quitó el dolor. ¿Serían las afirmaciones o fue la casualidad?"

Puedes servirte de las afirmaciones para lograr resultados positivos en muchas de tus actividades.

Por ejemplo, en la cancha de tenis puedes repetir una y otra vez:

— Voy a jugar bien.

En tus relaciones personales:

— La gente siempre me trata con afecto y respeto. Yo también trato a la gente con afecto y respeto.

En tu actitud mental:

— Voy mejorando todos los días, en todas las áreas.

Para tu prosperidad:

— Me siento sano, me siento bien y soy una persona próspera.

Las posibilidades son interminables. Utilizar las afirmaciones no quiere decir que ya no tengas la obligación de esforzarte para obtener una mejor situación. Las afirmaciones son atajos

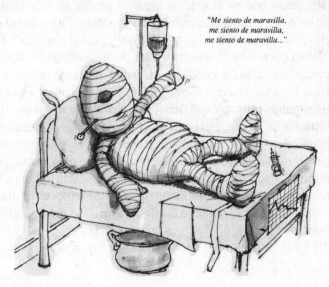

"Me siento de maravilla, me siento de maravilla, me siento de maravilla..."

para condicionar tu mente y obtener lo que deseas. Si decides integrarlas a tu vida diaria, advertirás que son herramientas sencillas y poderosas. Demasiado sencillas, podría decirse.

Puesto que no son complicadas, quizá pienses: "¡Yo no voy hacer esas bobadas infantiles!". El resultado será que dentro de un año seguirás sufriendo dolores de cabeza, y sin emplear tu mente al máximo. Como hemos señalado antes, tú tienes la decisión.

Existen ciertas reglas que debemos tener presentes al hacer uso de las afirmaciones. En primer lugar, como dijimos anteriormente, tu mente siempre se mueve hacia lo que piensas. Por lo tanto, si preparas una afirmación tal como: "No discutiré con mi marido" o "no estoy enferma", ¡los resultados dejarán mucho qué desear! Tu mente seguirá desplazándose exactamente hacia lo que no quieres. Así muchos individuos hablan todo el tiempo sobre lo que no desean, y después se preguntan por qué eso es precisamente lo que siempre les sucede.

Recuerdo que en el colegio algunos profesores nos hacían escribir a mí y a mis compañeros frases como: "no hablaré en clase", "no llegaré tarde" y "no arrojaré cosas al profesor". No se daban cuenta que a través de esas negaciones gramaticales, propiciaban la mala conducta. Cuando recuerdo cómo nos comportábamos en clase pienso: "¡Vaya que si la propiciaban!".

El segundo principio que debe tenerse presente en cuanto a las afirmaciones, es que éstas son mucho más efectivas cuando se repiten en voz alta o cuando se les escribe. Si solamente las piensas, tu mente tiende a vagar hacia otras cosas como, por ejemplo, "¿qué habrá de cenar?" o "¿dónde andarán los niños?". Decirlas en voz alta o escribirlas mantiene a tu mente concentrada en ellas. Además, al hablar o escribir, involucras otros sentidos físicos y, por tanto, el efecto es más poderoso.

El tercer aspecto que tienes que tener en mente, es que la

repetición es importante. Si deseas reestructurar el sistema de creencias que has conservado durante veinte años, hará falta perseverancia. No esperes dar vuelta al curso de tu vida con solo repetir seis veces: "¡Realmente soy muy feliz!"

EN SÍNTESIS

Las palabras que empleamos afectan nuestra manera de pensar y de sentir. Nuestros pensamientos inciden sobre lo que decimos y sentimos. Nuestros sentimientos influyen sobre lo que decimos y pensamos. He aquí el triángulo de la victoria.

Cuando nos sentimos deprimidos, resulta mucho más fácil modificar lo que decimos, que lo que pensamos y sentimos. En muy poco tiempo, nuestras palabras empezarán a surtir un efecto positivo sobre nuestros pensamientos y sentimientos. Así se rompe el triángulo vicioso y empezamos a sentirnos mejor con respecto de la situación.

GRATITUD

Recuerdo que de niño me aconsejaban mostrarme agradecido por las cosas buenas de que gozaba. Mi madre nos pedía que rezáramos y diéramos gracias por el amor de nuestros padres, por la abundancia de alimentos, por tener un lecho tibio, por nuestros hermanos y hermanas, por nuestra buena salud, y por todas las demás cosas que dábamos por seguras.

¡Incluso recuerdo que en ciertas ocasiones me despachaban a dormir con papel y lápiz para elaborar una lista de las cosas por las que debía sentirme agradecido! (Esto invariablemente ocurría después de alguna de mis rabietas, a través de las cuales me quejaba de los horrores del mundo y de que yo jamás me salía con la mía.)

Años más tarde, advertí que una actitud agradecida también surte efecto a nivel mundano. Al descubrir cómo opera la mente y advertir que la vida suele depararnos lo que pensamos, y que tendemos a recibir lo que subconscientemente esperamos, pensé que para seguir teniendo buena suerte necesitaba sentirme afortunado.

Es absolutamente indispensable dar gracias a Dios por lo que tenemos. Debemos estar conscientes de todas y cada una de las bendiciones que hemos recibido. Sobre esta base es que debemos intentar explicar por qué la mente actúa como un imán, y por qué gravitamos hacia aquello que pensamos.

Si Fred no ceja de comentar que nada le sale bien, que nunca le alcanza el dinero, que nadie lo quiere, que siempre le tocan los trabajos desagradables y que la vida es una desdicha, continuará atrayendo más calamidades. A nivel consciente, hará caso omiso de las oportunidades que se le presenten. Rehusará las ofertas de ayuda, y continuará proyectándose hacia la bancarrota económica y emocional. A nivel subconsciente rechazará las oportunidades y atraerá desgracia tras desgracia, para comprobar que la vida se desarrolla justamente como esperaba. Desde su punto de vista nada puede salirle bien, ni tampoco puede formar un patrimonio, por lo cual él mismo procurará crearse una vida acorde con su sistema de creencias.

Quien piensa constantemente en lo que le falta, tiende a recibir cada vez menos de lo que desea. También he advertido que quienes gozan de las más bellas amistades, son quienes más las valoran. Las personas que viven activamente y con plenitud son las que todo el tiempo se alegran por lo que la vida les ha otorgado.

Parecería que, en muchos casos, la sociedad nos condiciona a ver el lado negativo de la vida. Si diez cosas marchan bien y una mal, tendemos a fijarnos en esta última. Cuando uno de nuestros hijos contesta correctamente once de veinte preguntas en un examen de matemáticas, no nos interesan las once contestaciones correctas, sino las nueve equivocadas. Cuando nos duele la cabeza no decimos: "¡Me siento bien del pecho, del estómago, de las piernas y los brazos!", sino: "¡Me duele la cabeza!". Nos molesta la mancha de lápiz labial en la camisa ¡y no nos alegra que el noventa y nueve por ciento de la misma esté limpia! Demasiadas personas opinan que ser realista y racional significa atender solamente los defectos.

Alguien dijo en alguna ocasión: "Si te sientes infeliz por todo lo que quisieras tener y no tienes, ¡piensa en todo lo que no tienes y que no quisieras tener!" ¡Todo tiene su lado positivo!

EN SÍNTESIS

Una actitud de agradecimiento es garantía de que nuestra atención se dirige hacia lo que queremos. Si nos visualizamos en una vida de abundancia y prosperidad, y damos gracias por lo que tenemos, muchas otras cosas buenas llegarán a nuestras vidas. Cada vez más frecuentemente las oportunidades saldrán a nuestro encuentro. Se trata de un mecanismo maravilloso. ¿Qué tal si funcionara al revés? ¿Que mientras más nos quejáramos y menos hiciéramos, más recibiéramos?

CAPÍTULO 4

METAS

En la rama está el fruto…

METAS

*La vida exige a todo individuo una contribución, y depende
del individuo descubrir en qué consiste.*
Viktor Frankl

En este capítulo se analizará la forma de establecer metas y
cómo lograrlas, el porqué debemos establecerlas y ciertos principios que debemos seguir para alcanzarlas.

Viktor Frankl, en su obra clásica, *La humana búsqueda de
sentido*, describe la vida en un campo de concentración durante
la Segunda Guerra Mundial. Frankl calculó que solo uno de cada
veintiocho prisioneros lograba sobrevivir a los horrores de la
prisión. Por tanto, él realizó un estudio para establecer por qué
unas cuantas personas lograban sobrevivir, mientras que muchas otras perecían.

Advirtió que los sobrevivientes no necesariamente eran los

más aptos físicamente o los más saludables, o los mejor nutridos o los más inteligentes. Lo que descubrió fue que quienes sobrevivieron, tenían una razón para seguir adelante. Tenían una META. En el caso de Frankl, su ardiente deseo era volver a ver el rostro de su esposa. Todos los sobrevivientes tenían metas diferentes, pero al final de cuentas tenían una meta.

Son las metas las que nos hacen seguir adelante. ¿Cuántas veces hemos sabido de alguien que se retira después de cuarenta años de trabajo y muere unos meses más tarde? En cuanto perdemos el impulso —la dirección— ¡estamos en aprietos! ¿Te has dado cuenta de que te sientes más feliz en mitad de un proyecto que al finalizarlo? ¿Has observado que cuando concluyes un proyecto, te abocas a buscar uno nuevo?

Aquí hemos de reconocer dos puntos de gran importancia: POR NATURALEZA ESTABLECEMOS METAS. No podemos vivir sin ellas o, al menos, no por mucho tiempo. Por lo tanto, si todavía no has establecido tus metas, no tardes en hacerlo.

NO IMPORTA TANTO LA META, SINO EL HECHO DE TENERLA. Algunas personas se las ingenian para posponer continuamente aquello que les gustaría hacer en la vida. Como no están totalmente seguras de que la meta que tienen en mente sea lo que más les conviene, ¡nunca hacen nada!

Tomemos por ejemplo a Juan Pérez, que piensa inscribirse una vez más en la universidad para obtener una licenciatura. Sin embargo, no está seguro si eso es lo que más le conviene. ¡El problema es que ha estado tratando de decidirse desde hace treinta años, y ya tiene cincuenta y siete! No le queda mucho tiempo.

Si Juan Pérez regresa a la universidad y se da cuenta de que ya no es para él, excelente. Al menos ya lo sabe. Muchas veces la gente piensa: "¡Qué terrible sería tomar una decisión errada! ¿Qué tal si me propongo una meta que no me haga feliz?". En

realidad, sería maravilloso, porque habrán eliminado una posibilidad y conocerán con mayor razón qué los hace felices y
qué no.

Una vez más podemos señalar que las personas con éxito
consideran a los errores como experiencias valiosas, mientras
que las personas fracasadas juzgan que las equivocaciones solo
traen frustraciones.

LA LEY DE PRECESIÓN

Buckminster Fuller, reconocido como una de las mentes más
creativas de este siglo, describió la "ley de precesión" como
parte del proceso de establecer metas.

La "precesión" es el principio por el cual, al buscar una meta,
invariablemente obtenemos muchas más cosas. Lo importante
no es el solo hecho de alcanzar la meta, sino aprender y per-
feccionarnos en el proceso.

Es posible que Fred piense: "¡Pasé cuatro años en la universidad para conseguir este miserable pedazo de papel!".Lo que no
advierte es que también conoció a mucha gente, que aprendió
mucho de sí mismo y que obtuvo muchas experiencias que de
otro modo no hubiera tenido. Lo importante no es el papelito,
sino el recorrido efectuado.

Si has decidido cruzar Europa caminando, comprar un Ferrari
o iniciar una nueva compañía, lo importante no es la caminata,
el auto o la empresa, sino el tipo de persona en que tienes que
convertirte a fin de lograr tu meta.

Es probable que al perseguir tus metas adquieras mayor
determinación, que refines tu poder de persuasión, que aprendas
acerca de la disciplina personal, que acrecientes tu ímpetu, que
aprendas a volar un avión, que logres una mayor seguridad en ti

mismo, que conozcas a la pareja ideal o que aprendas a elaborar cheques.

Los logros que obtengas al perseguir tus metas no tienen mayor importancia. Lo que realmente interesa es "¿en qué te TRANSFORMASTE?".

Cuando te empeñes por alcanzar una meta, vale la pena que recuerdes cómo operan las cosas en este planeta. Nada se mueve en línea recta. Ninguna meta se alcanza sin antes haber librado diversos obstáculos.

A base de embestidas y retiradas, la marea sube poco a poco hasta cubrir la playa. El árbol, al desarrollarse, pierde sus hojas periódicamente; pero en cada oportunidad, crece un poco para compensar la pérdida. Los obstáculos son parte de este mundo.

Desafortunadamente, ciertas personas pretenden progresar sin tener en cuenta esa situación. Por tanto, Mary inicia su dieta para reducir de peso, pero al advertir que hay altibajos en el proceso, decide que la meta que se ha propuesto es demasiado difícil de lograr para ella; y permanece gorda para el resto de sus días. Fred decide establecer un plan de ahorro, pero después de uno o dos gastos imprevistos, concluye que es imposible ahorrar dinero y desecha toda esperanza de lograr alguna vez la independencia económica.

Las personas con éxito no son tan brillantes, ni tan especiales, ni tan talentosas. Sencillamente entienden cómo funcionan las cosas, y saben que el progreso personal tiene que ocurrir en concordancia con los principios que gobiernan todo lo que existe a su alrededor.

Ellos comprenden que el logro de nuestras metas se debe a que nos corregimos continuamente. Nos salimos de curso, corregimos y recuperamos la dirección correcta. El capitán de un barco hace lo mismo. También quienes lanzan al espacio los cohetes especiales y los misiles. Corregir. Corregir. Corregir.

OTRA RAZÓN PARA ESTABLECER METAS

Ya hemos hablado de cómo gravitamos hacia lo que más pensamos. Si tienes metas claras en tu mente, tus pensamientos te ayudarán a llegar a ellas. Si no tienes metas, tus pensamientos de todas formas te llevarán hacia aquello en lo que más piensas. Tu mente te proyectará en dirección de tus pensamientos dominantes, suponiendo que tus pensamientos dominantes sean tus metas.

REDACTA TUS METAS

Todos los oradores motivacionales que he escuchado tienen algo en común. Todos ellos sugieren, indican, ruegan, insisten en que pongamos por escrito nuestras metas.

Cuando vas de compras, por lo general elaboras una relación de lo que necesitas. Esa lista te guía. Si sales de casa con la intención de comer, no esperas regresar a los cinco minutos preguntándote: "¿Pero qué estoy haciendo con este desarmador en la mano? ¡Se supone que salí a comprar una hamburguesa!".

Solemos elaborar largas listas para que nada nos falte en las fiestas. Anotamos servilletas, bebidas, galletas, bocadillos, etcétera.

Lo insólito es que a pesar de que sabemos que las listas funcionan, solo alrededor de un tres por ciento de nosotros las empleamos para ordenar nuestras vidas. En el evento más importante de todos —la vida—, la mayoría de la gente deambula sin tener la más mínima intención de elaborar una lista de lo que quiere y sí, en cambio, todo el tiempo se pregunta por qué nunca logra nada.

Elaborar una lista no es lo único que debemos hacer, pero

constituye un método y una estructura que nos ayuda para lograr lo que deseamos en la vida. Aun así, la mayoría de las personas dedica más tiempo a planear sus fiestas que sus vidas; y luego se preguntan por qué no son todo lo felices que podrían ser.

¡Las listas funcionan! Funcionan para salir de compras y para la vida.

EN SÍNTESIS

Las metas son vehículos que pueden llevarnos a lograr más de lo que ahora somos. Necesitamos metas no tanto por los resultados finales, sino porque, al perseguirlas, nos transformamos.

LIMITACIONES

Ya sea que creas que triunfarás o fracasarás, estás en lo cierto.

Henry Ford

Lo único que limita nuestros logros, es la idea de que no seamos capaces de lograrlo. No es novedad para nadie el hecho de que quienes dicen que pueden, pueden; y quienes dicen que no pueden, no pueden.

Pensemos en un hombre que piensa: "Yo creo que nunca voy a pasar de soldado raso". Debido a esa creencia, no estudia, desaprovecha oportunidades, no se desvela trabajando, no ahorra, no intenta nada, porque "de todos modos no tiene caso". Y la profecía se cumple: **jamás logra nada.**

Otro hombre afirma: "Voy a triunfar. Haré lo que sea necesario. Trabajaré tanto como haga falta. Aprenderé todo lo que pueda. Cambiaré lo que tenga que cambiar ¡Sé que lo puedo hacer!" ¡Y lo logra!

Vale la pena recordar que ambos puntos de vista conllevan resultados. El primer sujeto evita la responsabilidad. Siempre le queda el recurso de decir: "Es demasiado difícil: hazlo tú por mí". Es una persona que evita someterse a la disciplina personal que le proporcionaría éxito. Es posible sentir cierta conmiseración por alguien así. Sin embargo, hacer el papel de tonto e inútil es un ardid muy astuto y muy cómodo.

Los resultados que obtiene el segundo personaje de nuestro ejemplo son obvios. Él sí logra su meta.

EN SÍNTESIS

Las limitaciones que nos pongamos son responsabilidad nuestra. Desechar las etiquetas que nos colgamos es el primer paso hacia una vida feliz.

LIMITACIONES

Siempre que dudemos de nuestra capacidad de lograr algo, vale la pena evaluar los obstáculos que otros han superado. Por citar algunos, tenemos el caso de Demóstenes, el gran orador griego, quien padecía un grave problema de tartamudez que casi no podía hablar. Para luchar contra su mal, hablaba con la boca llena de piedras, con la idea de que cuando lograra dominar esa técnica, sería capaz de hablar en público. Demóstenes llegó a ser uno de los más grandes oradores de todos los tiempos.

Napoleón superó una seria desventaja —su pequeña estatura— para dirigir sus ejércitos victoriosos a través de Europa.

Hellen Keller no permitió que el hecho de ser ciega y sorda le impidiera dedicar su vida a ayudar a otros menos afortunados que ella misma.

A la edad de 31 años Abraham Lincoln fracasó en los negocios; perdió las elecciones para un puesto público a los 32; fracasó nuevamente en los negocios a los 34; se le murió su prometida a los 35; a los 36 sufrió un colapso nervioso; perdió como candidato para el Congreso a los 43, a los 46 y a los 48; perdió como candidato a senador a los 55; fracasó en su afán de ser vicepresidente de los Estados Unidos a los 56; y perdió otra vez como candidato a senador a los 58.

A los sesenta años de edad fue electo presidente de los Estados Unidos de América, y hoy se le recuerda como uno de los grandes líderes de la historia universal.

Anwar Sadat era campesino.

Menachem Begin era un niño callejero de un arrabal polaco.

Winston Churchill era un estudiante pobre con un problema del habla. No solamente obtuvo el Premio Nobel, sino que llegó a ser uno de los oradores más sublimes de nuestros tiempos.

A Tomás Alva Edison lo expulsaron de la escuela.

Charles Atlas, quien logró tener un cuerpo "perfecto", era originalmente un debilucho de cuarenta y cinco kilos.

A Julio Iglesias lo echaron del coro de la preparatoria. Ello no le impidió convertirse en el cantante que más discos ha vendido en toda la historia.

La lista es interminable. La moraleja, sin duda, es: "LO QUE CUENTA NO ES DÓNDE EMPIEZAS, SINO DÓNDE DECIDES TERMINAR". Las ventajas son una bendición si optamos por verlas como tales, y las utilizamos como incentivos para mejorar cada vez más.

PROBLEMAS

"Continuamente nos topamos con grandes oportunidades bajo el magistral disfraz de un problema sin solución".

Quizás en algún momento pensemos: "¿No sería fabuloso no tener problemas?". Si no tuviéramos problemas, podríamos haraganear simplemente por la playa todo el día. Seríamos como mariscos, que no tienen que preocuparse de nada, hasta donde se sabe.

Tenemos la capacidad para resolver problemas y para descubrir nuevos métodos para hacer cosas. Los problemas son parte integral del mundo y nos mueven a aprender, a experimentar, a ponernos en acción. Los perros no son muy buenos que digamos para encontrar solución a los problemas. Los perros toman las cosas con calma. Los puercos tienen una perspectiva de la vida aún más despreocupada, pero ¿a quién le interesa ser puerco?

Lo singular de los seres humanos es que podemos experimentar mucho más que las demás criaturas. Podemos crear de la nada. Los puercos no componen música. Los perros no fundan empresas. Los mariscos no van al cine. El hecho de que seamos seres humanos implica problemas, pero también supone que podamos amar, reír, llorar, intentar algo, caer, levantarnos…

Quien piensa positivamente afirma que un problema es solo una oportunidad para aprender. Esto puede sonar como un *cliché* anticuado, pero se trata de una filosofía muy sensata, y los bebés y los niños pequeños tienden a vivir conforme a ella. Para los bebés de diez meses de edad todo se convierte en un reto: la oportunidad de hacer nuevos ruidos, la oportunidad de aprender a levantar cosas, o de asentarlas, la diversión de arrojar los alimentos; la vida para ellos es una fascinante travesía de descubrimientos. Los jóvenes salen a la vida con un ímpetu maravilloso e incansable; juegan carreras en bicicleta, suben corriendo las escaleras, se montan en tablas de sorfear y se trepan a los árboles.

Si te das cuenta, algunos de los mayores retos en tu vida tuvieron lugar en tus años mozos, cuando tuviste que enfrentar la necesidad de caminar, hablar, correr, etcétera. ¡Y lo lograste!

Por alguna razón, quienes de niños fueron conquistadores temerarios, de adultos son extremadamente miedosos, tan tímidos que el menor de los propósitos les parece un monstruo invencible. Afortunadamente pocas personas nacen con la idea de que no lograrán nada en la vida. ¡De otra manera seguirían en la andadera a los cuarenta y seis años de edad!

¿No es absurdo el hecho de que se espere más de los niños que de los adultos? En la escuela se les dice: "Si no aprenden a escribir correctamente 'caza' y 'casa', y si no se aprenden todas las letras del alfabeto van a reprobar el año". En otras palabras, les damos a entender que más les vale actuar de manera correcta o tendrán que atenerse a las consecuencias. ¡Desafortunadamente muchos adultos no reciben esta misma advertencia!

En determinada etapa de sus vidas, algunos adultos engendran la idea de que la vida automáticamente debe recompensarlos por no haber hecho ningún esfuerzo. ¿No deberíamos los adultos ser exigentes con nosotros mismos —como lo somos con los niños— y preguntarnos: "¿Qué he aprendido en los últimos doce meses? ¿Qué no hice el año pasado que en éste sí puedo hacer?"

EN SÍNTESIS

Los problemas nos hacen crecer. Como dijo Horacio: "La adversidad revela al genio; la prosperidad lo oculta".

ERRORES

Cierto individuo se quejaba de que Dios nunca se comunicaba con él.

—¿Por qué el buen Señor nunca me envía mensajes como parece enviar a los demás? —preguntó a su amigo.

—¡Pero claro que el Señor se comunica contigo! —le aseguró el otro. Se comunica contigo por medio de tus errores.

Los errores son la retroalimentación de nuestro desempeño. Los ganadores cometen mucho más errores que los perdedores. Por eso son ganadores. Reciben una mayor retroalimentación a medida que intentan un mayor número de posibilidades. El problema con los perdedores es que conciben los errores como sucesos desmesuradamente terribles y no aciertan a reconocerles el lado positivo.

Aprendemos más de nuestras derrotas que de nuestras victorias. Cuando perdemos, abrimos los ojos, analizamos, nos reorganizamos, planeamos una nueva estrategia. ¡Cuando ganamos, nos limitamos a celebrar y aprendemos muy poco! ¡He aquí otra razón para aceptar de buen grado los errores!

Existe una anécdota de Tomás Alva Edison que ya se ha vuelto legendaria. En una ocasión cierto caballero le preguntó qué había sentido al fracasar tantas veces en sus intentos por fabricar una bombilla eléctrica. Edison respondió que nunca había fracasado, ¡sino que había descubierto exitosamente miles de maneras en que no debía fabricarse una bombilla eléctrica! Esa actitud positiva frente a los errores permitió a Edison aportar al mundo tanto como el que más en toda la historia humana.

También Werner von Braun era consciente de que los errores son un componente esencial del proceso de aprendizaje. Durante

la segunda Guerra Mundial desarrollaba un cohete con el que los
alemanes pensaban atacar Londres. Sus superiores lo llamaron
a rendir cuentas después de un considerable periodo de tiempo.
Hasta ese momento había cometido 65,121 errores.

—¿Cuántos errores más calcula que cometerá antes de que
funcione bien? —le preguntaron.

—¡Él contestó que todavía le faltaban unos cinco mil errores
más!

—Se necesitan unos 70 000 errores antes de estar calificado
para construir un cohete —dijo. Tal vez los rusos han cometido
unos 30 000 a estas alturas. Los norteamericanos todavía ninguno.

A lo largo de la segunda mitad de la guerra, los alemanes hicieron estragos entre sus enemigos con los misiles balísticos de Von Braun. Ningún otro país tenía ese tipo de armas. Algunos años más tarde, Von Braun habría de ser uno de los cerebros rectores en el programa espacial norteamericano que llevó al hombre por primera vez a la Luna en 1969.

¡Colón buscaba una ruta más corta a la India y se topó con el Continente Americano!

El vidrio laminado, que se compone de una hoja de plástico prensada entre dos capas de vidrio, se fabricó accidentalmente. Por ser un material a prueba de impactos, ha salvado desde entonces miles de vidas. Los errores y los accidentes tienen su razón de ser.

El hombre que fundó la compañía IBM, Thomas J. Watson, señaló: "La manera de triunfar es duplicando el número de fallas".

"Yo nunca me he equivocado."

"¡Pero tampoco he hecho nunca nada!"

EN SÍNTESIS

Las equivocaciones en realidad no lo son. Debemos hacernos a la idea de cometer ciertos errores de juicio y acogerlos de buen grado como parte del proceso de aprendizaje. Además, no en todo se tiene que ser férreamente estricto; es mucho más fácil vivir con unos cuantos errores. Fracasar no es vergonzoso; lo vergonzoso es no hacer el intento.

LA LEY DE SIEMBRA Y COSECHA

El éxito es simplemente cuestión de suerte. ¡Si no lo crees, pregúntaselo a cualquier fracasado!
Earl

Newton descubrió la ley de causa y efecto; es decir, que a toda acción se opone una reacción equivalente. Se obtiene lo que se invierte. Si plantamos tomates no cosecharemos cardos. Es

importante tener presente que este principio tiene efecto en todo
lo que hacemos y en todo lo que experimentamos.

No podemos transgredir esta ley. Nuestra salud mental y
física, nuestro éxito en los negocios y nuestras relaciones personales, son gobernadas según la misma fórmula que nos exige
"pagar por adelantado". Lo fascinante de esta ley es que nunca
sabemos a ciencia cierta cuándo recibiremos nuestra recompensa; cuándo obtendremos los beneficios del tiempo y esfuerzo que
invertimos. Pero las recompensas siempre llegan, y la incerti-
dumbre con respecto de su llegada contribuye a hacer la vida más
emocionante.

Además, lo que ahora tenemos en la vida es resultado de lo
que hemos sembrado hasta la fecha. Si en la actualidad gozamos
de excelentes amistades y relaciones afectuosas, se debe a que
hemos preparado el terreno y sembrado la semilla. Si nuestros
negocios florecen, es porque hemos realizado los esfuerzos
necesarios para lograr buenos resultados.

Si criticamos a la gente, seremos criticados. Si hablamos bien
de los demás, los demás hablarán bien de nosotros. Si defrauda-
mos, seremos defraudados. Si nos alegramos por el éxito de
otros, probablemente lograremos más triunfos. Si decimos
mentiras, nos mentirán. Si amamos, seremos amados.

A lo largo de la historia, la Regla de Oro se ha expresado de
muy diversas maneras, aunque su principio es constante: "Los
demás te tratarán como tú a ellos. Lo que tú ofrezcas, eso mismo
recibirás".

En una tumba egipcia, cuya antigüedad se remonta al año
1600 a.C., están inscritas estas palabras: "Buscó para los demás
el bien que deseaba para sí".

Confucio dijo: "No hagas a otros lo que no quieras que te
hagan a ti".

Aristóteles sentenció: "Debemos comportarnos con el mundo

como desearíamos que el mundo se comportara con nosotros".

La Biblia dispone: "Haz a los demás lo que quisieras que los demás te hicieran a ti".

Estos principios se aplican a nuestras relaciones y también a lo que cosechamos en otras áreas de la vida. James Allen, en su libro *Piensa como hombre*, lo expresó así:

Por una elemental ley, todo hombre llega al punto donde está; los pensamientos que ha incorporado a su carácter lo han llevado ahí, y en el concierto de su vida no existe el azar, sino que todo es resultado de una ley infalible.

Cuando el hombre se considera creación de las condiciones externas, es vapuleado por las circunstancias; pero cuando se da cuenta de que él mismo es poder creativo, y que puede estar al mando de la tierra y de las semillas que, ocultas dentro de su ser, hacen brotar circunstancias, entonces se convierte en su propio amo.

El que las circunstancias derivan del pensamiento de cada cual, es sabido por todo aquel que por algún lapso de tiempo ha practicado el control y la purificación de sí, pues habrá adver-

tido que el cambio en sus circunstancias corresponde en exacta proporción al cambio en su condición mental.

El ignorante siempre se margina. Sobre la gente notable piensa: "¡Cuánto quisiera tener su talento!" u "¡Ojalá tuviera su suerte!", aunque jamás reflexiona sobre los meses y años de esfuerzo que hicieron realidad el éxito en esas personas. ¡Cuán frecuentemente conocemos el caso de un artista que ha logrado el éxito "de la noche a la mañana" en el mundo del espectáculo, y luego nos enteramos que la nueva estrella llevaba quince años luchando!

Lo maravilloso de la Naturaleza es que nos retribuye mucho más de lo que invertimos. Si plantas una pepita de calabaza, ¡no recibes a cambio otra pepita! Si así fuera, ¿para qué tomarse la molestia? La Naturaleza es muy generosa. Con pocas pepitas puedes cosechar un gran cargamento de calabazas. Insisto, este principio se aplica a todo lo que hacemos. ¡Pero primero es necesario abrir el surco para sembrar!

EN SÍNTESIS

La Creación es justa. Lo que sembramos, eso es lo que cosechamos.

RIESGOS

Cuesta tanto ser íntegramente humano que muy pocos tienen el amor y el valor para pagar el precio. Hay que abandonar en definitiva la búsqueda de seguridad y salir en pos de la vida, aun a riesgo de ganarse el pan con las manos. Hay que abrazar la existencia como a un ser amado.

Morris West

Alcanzar cualquier meta implica un riesgo. Probablemente Fred piensa: "Yo no estoy dispuesto a correr riesgos. ¡Yo no me subiría a la rama de un árbol!".Lo que Fred no advierte es que en la rama están los frutos. Existe una ley en este planeta que se asegura de que los resultados lleguen después de haber enfrentado ciertos riesgos, y no al contrario.

La mayor parte de las personas iniciamos nuestra vida con una actitud muy saludable ante los riesgos. Los niños están siempre ansiosos de vivir aventuras. Por ello las madres suelen encontrar a sus pequeños en lo más alto de las escaleras, paseando por la carretera, trepados en el techo, detrás de un caballo jalándole la cola, y otras situaciones similares. A los niños felices y saludables, igual que a los adultos felices y saludables, les encanta vivir nuevas experiencias y desarrollarse. Cuando damos esos pasitos tambaleantes —empezando a dominar el arte de caminar— corremos riesgos ¡Y nos encanta!

Por alguna razón, entre los dos y los veintidós años de edad muchas personas sufren un dramático cambio de actitud. Les preocupa estar "seguras y a salvo". Pasan las noches pegadas al televisor, hechizadas por las hazañas de los superhéroes. Se nutren con grandes dosis de telenovelas y programas cómicos, en tanto que sus propias vidas degeneran en un desfile de años aburridos.

La salsa de la vida está en desarrollar cosas nuevas, en forjar nuestra propia materia. La búsqueda de seguridad sofoca nuestra fuerza de vivir. Lo mejor para estar seguros y a salvo, libres de toda preocupación, es yacer en una caja tres metros bajo tierra.

Al amar y preocuparnos por los demás, corremos riesgos. Atreverse a decir "te quiero", es arriesgado, pero la recompensa puede ser maravillosa. Ser diferente es un riesgo, pero por otra parte implica ser uno mismo. Las profesiones peligrosas y difíciles son bien remuneradas. De hecho, la Creación permanentemente nos invita a crecer, a escalar, a ser extraordinarios.

El que no arriesga, no gana. Para aprender a caminar tenemos que arriesgarnos a caer y lastimarnos. Para ganar un peso tenemos que correr el riesgo de perderlo, y ganan más los que más arriesgan. Para poder ganar un partido de tenis, tenemos que encarar la posibilidad de perderlo.

Los ganadores corren más riesgos que los perdedores. Por eso ganan tanto. Por el mismo hecho de arriesgarse más, los ganadores pierden más veces que los perdedores, pero —gracias a que corren riesgos tan frecuentemente— sus victorias se van acumulando; y a los triunfadores se les recuerda por sus triunfos, no por sus derrotas. Recordamos a Edison por la bombilla eléctrica que sí funcionó, no por las que no funcionaron.

EN SINTESIS

Tenemos una alternativa. Esta alternativa consiste en realmente vivir o simplemente existir. Conseguir trabajo es un riesgo. Cruzar la calle es un riesgo. Empezar un negocio, una relación o una familia, es un riesgo. Comer en un restaurante es un riesgo (¡algunos son más riesgosos que otros!). La vida es un riesgo. Así que trepémonos a las ramas para cosechar sus frutos.

COMPROMISO

Hasta que uno se compromete
hay duda, la posibilidad de retroceder
siempre se queda sin efecto
siempre es inefectiva
no siempre es adecuada
la permanente falta de efectividad.
Para todo acto de iniciativa (y creación)
existe una ley elemental,
cuyo desconocimiento mata innumerables ideas
y planes espléndidos:
que en el momento en el que uno se compromete en definitiva,
también la Providencia actúa.
Para auxiliarnos ocurren todo tipo de cosas
que de otra manera no hubieran sucedido.
Todo un caudal de acontecimientos derivan de la decisión,
suscitándose en favor nuestro toda suerte
de incidentes y encuentros imprevistos
y asistencia material,
que jamás hubiéramos imaginado
que pudieran cruzar nuestro camino.

    W. N. Murray

**Todo lo que puedas hacer, o sueñes poder hacer...
empieza a hacerlo. En la temeridad hay genio, poder y
magia.**

    Goethe

Nosotros tenemos que desarrollar la primera jugada. Mientras permanecemos al borde de las cosas, dudando si saltar o no, el Universo asume la siguiente actitud: "Por lo visto no estás tomando las cosas en serio. Cuando te comprometas, recibirás ayuda".

En el momento en que decimos: "¡Voy a hacerlo, cueste lo que cueste!, de una u otra manera invocamos ese "genio, poder y magia".

Todos los que logran algo en la vida han decidido hacerlo. El alpinista que escala el Everest es el que afirma: "LO HARÉ". Los que dicen: "Voy a hacer mi mejor esfuerzo", o "voy a ver si puedo", o "voy a hacer el intento", probablemente regresarán a casa antes de lo previsto. Esto mismo se aplica al hombre de negocios, al deportista, al esposo y la esposa. Necesitamos tomar las cosas en serio para obtener resultados.

La vida de Gandhi prueba el hecho de que una sola persona, absolutamente comprometida, puede cambiar la historia de una nación. Disraeli acertó al señalar: "Nada puede oponerse a la voluntad humana, que arriesga aun su propia existencia en aras de su propósito".

Tienes que estar consciente —si te has comprometido a algo— que los demás te pondrán a prueba. Los niños ponen a prueba a sus padres todo el tiempo, con la esperanza secreta de no verlos caer.

Todo mundo busca a quién admirar. No obstante que tu cuñado te pregunte: "¿Todavía insistes en tu locura?", y aunque el vecino te tiente con un pastel de chocolate cinco minutos después de que anunciaste tu dieta, secretamente esperan que te mantengas firme en tu compromiso.

Además, ocurre algo interesante cuando nos comprometemos. Con frecuencia, el compromiso basta. En otras palabras, si estás dispuesto a realizar CUALQUIER COSA QUE SEA NECESARIA para lograr tu meta, generalmente no habrá necesidad de que la hagas. Pero si tus propósitos son tibios, probablemente serás probado hasta el límite de tu resistencia.

EN SÍNTESIS

Como alguien dijo en cierta ocasión: "Para lograr todo lo que se quiere, hay que hacer todo lo que se necesite".

ESFUERZO

"¡No hay nada gratuito; ni un almuerzo!"

Los insectos y los animales casi siempre están en actividad; se preparan para el invierno o para la primavera, se bañan, limpian sus nidos, alimentan a los críos y hacen lo propio de sus especies. Siempre están completamente involucrados en lo que hacen. También podemos pensar que están plenamente satisfechos.

Podemos aprender de los animales. Para ser felices necesitamos mantenernos ocupados. Desatender las cosas cuesta caro. La negligencia echa todo a perder: los marineros saben esto con respecto de los barcos, los atletas lo saben con respecto de sus cuerpos, los estudiantes lo saben con respecto de sus mentes. Cualquiera que cuida un jardín, pronto descubre que la hierba brota naturalmente. No hay que sembrarla para que crezca por todas partes. La única manera de que las cosas mejoren es inviertiendo esfuerzo.

Nuestra actitud hacia el esfuerzo es importante.

El esfuerzo debe hacerse porque SE DESEA; porque es nuestro privilegio y alegría aprender, probarnos nosotros mismos, ensayar y adquirir experiencias. El error que mucha gente comete es trabajar sólo por los resultados finales y no por el gusto

de hacerlo. Entonces, si no obtienen los resultados deseados, se
desilusionan.

Puede suceder que un vendedor realice todas las llamadas
telefónicas necesarias y no venda
nada, y por ello llegue a la conclusión de que fue un mal día.
¡Nada de eso! El vendedor debe
hacer las llamadas porque lo
desea. Debe deleitarse en su propia capacidad de ensayar, de re-
finar su habilidad y alegrarse por
su capacidad de perseverar. Los
resultados serán una ganancia
adicional, si logra asumir la siguiente actitud: "Disfrutaré lo que
hago por el hecho de hacerlo.
Tomaré conciencia de mi propia
vitalidad durante el proceso y
enfocaré mi atención a mi objetivo".

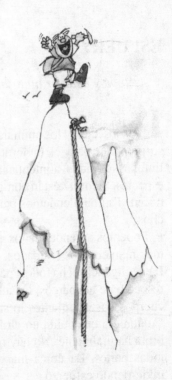

Emerson dijo: "El premio a lo
bien hecho es haberlo hecho".
Afanarnos en exceso por los resultados nos aparta del presente.
Puede ocurrir que nos concentre-
mos siempre en el futuro, y no en
lo que estamos haciendo. Este
enfoque no nos permite gozar el
momento presente. Al desligar-
nos un poco de los resultados,

podemos disfrutar lo que hacemos por el hecho mismo de hacerlo.

Supongamos que te encuentras en casa de tu suegra y, para darle una sorpresa, decides lavar su automóvil. Una posibilidad es que te pases la tarde pensando: "Me estoy empapando terriblemente, así que más le vale a esta señora que aprecie el detalle y me lo agradezca infinitamente, o me voy a enfurecer con ella". Esa es la actitud de un perdedor. La otra posibilidad es: "Me voy a divertir lavando este auto porque controlo mi mente, y si deseo disfrutarlo, lo haré. Veamos qué tan rápido y qué tan bien puedo hacerlo". Si después resulta que tu suegra se deshace en elogios por tu buena acción, ésa será una ganancia extra. Si no te lo agradece, no importa. De todos modos te divertiste.

Trabajar porque nos gusta trabajar, eso es lo correcto. Los resultados siempre llegarán. Necesariamente tendrán que producirse. Es una ley. Sin embargo, si los resultados tardan en llegar o no llegan cuando tú lo esperas, no debes permitir que ello arruine toda tu semana (o año). Los resultados siempre llegan.

¿Actualmente trabajas porque te gusta hacerlo? Es como ser feliz. Se trata de una decisión. Como dijo James M. Barrie: "El secreto de ser feliz no es hacer lo que te guste, sino gustarte lo que haces".

EN SÍNTESIS

La historia de Fritz Kreisler, el gran violinista, ilustra bellamente la relación entre esfuerzo y éxito. Después de un "solo" magistral, se le acercó una mujer y le dijo:

—Sr. Kreisler, ¡daría mi vida por tocar como usted!

—¡Eso fue lo que yo hice! —contestó sonriente.

Cuando nosotros cambiamos, las cosas cambian.

Mucha gente vive con la esperanza de que las cosas mejoren. Quisieran que todo fuera más fácil, y parecen esperar que algún día una varita mágica arreglará todo. ¡De ninguna manera!

Las cosas mejoran cuando nosotros mejoramos. Las cosas cambian cuando nosotros cambiamos; nunca antes. James Rohn, el multimillonario hombre de negocios norteamericano, afirma en sus seminarios: "¡A menos que cambies tu forma de ser, seguirás teniendo lo que tienes!". También ha dicho: "Si alguien te regala un millón de dólares, más te vale volverte millonario o lo perderás!". Es necesario hacer el esfuerzo y desarrollar la sapiencia e imagen personal correspondientes a ese tipo de fortunas; de otro modo encontraremos ingeniosas maneras de "redistribuir" nuestros bienes.

Lo que tenemos en la vida deriva de lo que somos. Las investigaciones señalan que la mayoría de las personas que ganan grandes sumas en la lotería, se las ingenian para regresar, en un tiempo récord, al mismo estado de insolvencia financiera en el que se encontraban. Dos años después de obtener una fortuna, cuatro de cada cinco "afortunados" se hallan en una situación económica peor que en la que estaban al principio. No han cambiado "por dentro", lo cual ha provocado que su situación exterior refleje su situación interna.

No hay vuelta de hoja. Para que las cosas mejoren, nosotros tenemos que mejorar. El día de hoy será muy parecido al día de ayer, a menos que hagamos un esfuerzo.

BRINDA TODO TU ESFUERZO

Si pones todo lo que está de tu parte, en lo que haces, no evitarás los fracasos. Si te esfuerzas al máximo en cualquier cosa que realices, no evitarás las desilusiones. ¿Entonces para qué tomarse la molestia?

La respuesta es: "Por respeto a ti mismo".

Cuando tu filosofía personal sea: "Haré el máximo esfuerzo, pase lo que pase", tendrás una elevada autoestima.

EN SÍNTESIS

Perder es doloroso, pero es más penoso cuando te das cuenta que no hiciste tu máximo esfuerzo.

CUARTO PARA LAS DOCE

Cuando intentes alcanzar tus metas, recuerda el "cuarto para las doce".

¿Has observado que el panorama suele verse más negro poco antes de ocurrir un viraje positivo? El hombre de negocios afirma que justo antes de hacer su fortuna, estaba a punto de claudicar. Le llegaba el agua al cuello cuando, de repente, todo empezó a cambiar. A punto de renunciar, se mantuvo firme justo lo necesario para dar a su trayectoria un giro de ciento ochenta grados y cosechar los frutos.

Quizá te haya ocurrido que cuando sientes que no vale la pena vivir, aparece una persona en tu vida que eleva tu ánimo hasta las nubes.

La vida es así porque existe el principio del "cuarto para las doce". Siempre hace más frío y está más oscuro antes del amanecer. Si resistimos lo suficiente, recibiremos nuestra recompensa.

En el acto de dar a luz, este principio entra en acción. Justo

¿Dónde estás, Superman?

antes del gran milagro de la vida, la resistencia de la futura madre es sometida a una prueba de fuego, por medio de intensos dolores y gran angustia (¡Dice mi mamá que valió la pena!).

En cuanto reconocemos la existencia del "cuarto para las doce", la vida pierde mucho de su carácter traumático. En efecto, la Creación parece someternos a prueba todo el tiempo, para ver si en verdad tomamos en serio nuestras metas. Si resistimos ese poquito más... ¡Oh alegría!

Conocer este principio es tener una buena ventaja. Cuando todo es un caos, podemos decirnos: "¿De modo que todo marcha mal? Eso quiere decir que aquello por lo que tanto he luchado puede estar a la vuelta de la esquina". Por lo tanto, deberíamos sentirnos mejor.

Generalmente estaremos a prueba, en alguna forma, antes de

recibir algo valioso. Si estamos conscientes del principio del "cuarto para las doce" y enfrentamos las dificultades conscientes de que son parte del proceso de lograr el éxito, en primer lugar no seremos desertores y, en segundo, obtendremos lo que queremos en la vida.

EN SÍNTESIS

No te engañes. El principio del "cuarto para las doce" generalmente no es señal de una situación real. Cuando todo se ve "color de hormiga" puede ser el momento de celebrar. Quizá ya estés cerca de la meta.

PERSEVERANCIA

Nada en el mundo puede sustituir a la perseverancia. No lo puede el talento; nada hay más común que los fracasados con talento. No lo puede el genio; el genio no retribuido es casi proverbial. La cultura no lo puede. El mundo está lleno de cultos derrotados. La persistencia y la determinación lo pueden todo. El lema "sigue adelante" siempre ha resuelto y siempre resolverá los problemas de la raza humana.
Calvin Coolidge

La perseverancia es un secreto. Los ganadores lo saben; están conscientes que es el principal ingrediente para triunfar en lo que sea. Los fracasados tienden a considerar la perseverancia como una especie de "ventaja opcional".

La mayoría de la gente claudica. Por donde mires, no verás más que desertores. La mayor parte de las personas que empiezan a practicar un instrumento musical, claudican. ¿A cuántas personas conoces que tocan "un poquito" el piano o la guitarra? Lo intentaron en una época, pero los resultados se hacían esperar mucho, así que claudicaron y buscaron una actividad más sencilla.

La mayoría de las personas que se inscriben a clases de pintura, claudica. La mayoría de los agentes de seguros, claudica (¡de hecho, noventa y ocho de cada cien claudican en el primer año!). La mayoría de los vendedores de todo tipo, claudica.

Muchos que empiezan la universidad, claudican. Al iniciar el año no cabe un alma en el salón; al final hay sitio para estacionar un tráiler. La mayor parte de las personas que empiezan a hacer

ejercicio, claudica. La mayoría de los que empiezan a ahorrar, claudica. Quienes empiezan a escribir libros, claudican.

La mayor parte de los seres humanos son desertores. Ésta es una gran noticia para los que hemos decidido triunfar. Quiere decir que si perseveramos en lo nuestro, en muy poco tiempo habremos rebasado a las multitudes. Como dice el refrán: "Un gran tirador no es más que un tirador mediocre que nunca dejó de practicar".

Edison realizó miles de inventos, incluyendo la bombilla eléctrica, el gramófono y el cinematógrafo. Su influencia en este planeta ha sido absolutamente formidable. Es muy fácil envidiar su genio creativo y pasar por alto su increíble dedicación a sus proyectos. Él fue quien señaló: "la genialidad es un uno por ciento de inspiración y un noventa y nueve por ciento de fibra… nunca he hecho nada que valga la pena por accidente, ni ninguno de mis inventos surgió por casualidad. Surgieron del trabajo".

Miguel Angel, uno de los mayores pintores y escultores de todos los tiempos, comentó en una ocasión: "Si la gente supiera cuánto me he esforzado para dominar mi oficio, dejaría de parecerles maravilloso".

La historia está llena de ejemplos de perseverancia. El hombre del pollo —el coronel Sanders— visitó mil nueve restaurantes con su famosa receta, antes de lograr que alguien se interesara en ella. Su ulterior éxito puso en evidencia el valor de la perseverancia kentuckiana.

A los veinte años de edad, Julio Iglesias sufrió un accidente de automóvil que lo dejó inválido de la cintura para abajo. Parecía un hecho que pasaría el resto de su vida en silla de ruedas, pero Julio se negó a aceptar esa posibilidad. Durante dos meses practicó doce horas diarias sólo para poder mover el dedo chiquito del pie. Poco a poco, durante un periodo de casi dos años, recuperó el uso de sus extremidades inferiores. Arrastrándose con los brazos, recorría una y otra vez —de extremo a extremo— el corredor de la casa de sus padres. Tenía la esperanza de que sus piernas algún día se hicieran a la idea de moverse de nuevo. Instaló espejos a lo largo del corredor, para inspirarse mientras se arrastraba. Finalmente, la misma determinación y compromiso que empleó para reconstruir su capacidad motora, le llevaron al estrellato de la canción universal.

En alguna ocasión habrás visto a alguien desertar: en la cancha de tenis, en un juego de cartas, en los negocios, en las relaciones personales. Desertar no es una gracia, ni los desertores un grato espectáculo.

El problema es que para muchos claudicar se vuelve un hábito: "perseveran" en esa actitud.

EN SÍNTESIS

En todo logro EXTRAORDINARIO la perseverancia es un ingrediente necesario. El que persevera alcanza.

¡PÍDELO!

"Pedid y se os dará".

Lección primera para obtener lo que deseas: ¡Pídelo! ¿Alguna vez has oído decir a alguien: "No me molesta hacer cosas por los demás, pero no me gusta pedir ayuda"? ¿No te parece irónico que casi todo mundo se queje de no recibir lo que quisiera, pero que casi nadie se atreva a pedirlo?

Es importante pedir lo que deseamos por cuatro razones:

1. PEDIR DENOTA AUTOVALORACIÓN Y AUTOESTIMA. Pedir confirma en nuestra propia mente y en la mente de los demás que tenemos derechos y privilegios. Quiere decir que te consideras con merecimientos, lo cual genera una actitud expectante.

2. PEDIR ES IMPORTANTE PARA TU SALUD. Si no pides lo que ambicionas, puedes ser ignorado, marginado. Esto deriva en frustraciones, enojos, etcétera. Tu estómago adolorido lleva la cuenta de las ocasiones en que no has sido capaz de pedir lo que deseas.

3. PEDIR ES EL PRIMER PASO LÓGICO PARA QUE DIOS, TU JEFE, TU FAMILIA Y TUS AMIGOS PRESTEN OÍDOS A LO QUE QUIERES. ¡No quieras que te lean la mente!

4. PEDIR LE BRINDA A OTRO EL PLACER DE AYUDARTE. De hecho, NO PEDIR ES UNA ACTITUD EGOÍSTA. Si te gusta ayudar a otros, dales la misma oportunidad. ¡No los prives de la satisfacción de ayudar!

Esto se aplica a todo tipo de peticiones. En la mayoría de los casos, la gente está más que dispuesta a ayudar si se da cuenta de que necesitas ser auxiliado, o que estás poniendo todo de tu parte y necesitas un poco de ayuda adicional. Un gran número de personas están DISPUESTAS a ayudar, pero temen parecer entrometidas.

Muchas mujeres embarazadas han sido objeto de todo tipo de atenciones y muestras de solidaridad de parte de desconocidos. La gente realmente desea ayudar. Al menos, esperan que sus buenas intenciones no sean rechazadas.

Existen personas a quienes todo les sale bien en los negocios

y en lo personal. Sea que compren auto, busquen empleo, hagan
negocios o se casen, se les arreglan para obtener justamente los
resultados que buscan. Lo logran pidiendo lo que quieren.

Hace poco vinieron a verme unos amigos. Todos deseaban
comer en cierto restaurante de mariscos. No había lugar en el
restaurante… al menos no hasta que mi amigo Peter empezó a
preguntar. Lo que escuchamos de este lado del teléfono fue más
o menos lo siguiente:

—¿No hay lugar?

—¿Está seguro de que no hay lugar?

—No me diga. Déjeme decirle que venimos hasta la ciudad de
muy lejos con la ilusión de cenar en su restaurante. Nada más
somos seis.

—¿Tan lleno así?

—A ver, vamos a suponer que hubiera lugar, ¿dónde nos
sentaría?

—Bueno, pero si hubiera.

—¡Tan lleno así!

—¿Pero cuál es el problema, faltan mesas o faltan sillas?

—¿No le importaría preguntar?

—Gracias.

—De manera que les faltan sillas. Pues sepa usted que aquí tenemos de sobra. Si no tienen inconveniente, nosotros podemos llevarlas.

—¿Tiene que preguntar al gerente? Correcto; aquí espero.

—A las ocho y media está muy bien. Muchísimas gracias. Allá nos vemos.

Peter cenó esa noche en el restaurante que quería porque estaba preparado para pedir. En todo momento fue amigable y cortés. Sencillamente pidió lo que deseaba. (¡Los demás cenamos en el restaurante que queríamos porque le pedimos a Peter que él llamara!)

El meollo del asunto, sin embargo, no es lograr meterse a un restaurante, sino darse cuenta de que no tiene nada de malo pedir lo que uno quiere. Pídele al vecino un *"ride"* al trabajo cuando tu auto esté en el taller. En el avión, pídele al pasajero de junto que no fume mientras desayunas (procura ser sutil si se te ocurre sugerirle que fume en otro lugar del avión). Pídele trabajo a la persona con quien tienes ilusión de trabajar.

No deseo sugerir que seamos sanguijuelas o cínicos. El hecho es que pedir genera información, y a los demás les da oportunidad de ayudarte, si así les place. ¡Lo sorprendente es que con mucha frecuencia les agrada! Si se hiciera una investigación, comprobaríamos que las personas con éxito tienen mayor capacidad de pedir lo que quieren.

A veces la gente dice no.

¿Qué ocurriría si la mitad de las veces que pides algo, te dicen que "no"? ¿Querría decir que eres despreciable? ¿Significaría que no mereces nada? ¡De ninguna manera! Querría decir que la mitad de las veces tus ideas no encajan con las de los demás. También significaría que en un gran número de ocasiones recibiste valiosa ayuda con la que de otro modo no hubieras contado.

¡Al pedir lo que quieres también contribuyes al desarrollo personal del individuo al que diriges la petición! ¿Por qué? Porque, si decide ayudarte, recibirá un beneficio de esa experiencia. Si decide no ayudarte, también se beneficiará, pues parte importante de la efectividad personal es poder decir "no" sin abrigar sentimientos de culpa. ¡Puedes ayudar a muchos a practicar su efectividad personal!

Además, desde la perspectiva particular de uno, ser "pedinche" te permitirá ser más responsable de tu vida. Hay menos peligro de que te conviertas en uno de esos dolientes silenciosos que sufren estoicamente, haciendo todo por sí solos porque se sienten mártires.

Ciertamente hay quienes optan por ser mártires. Elevan el sufrimiento personal a nivel de arte y ¡ay de aquel que trate de desviarlos de su camino! Debemos de respetar su derecho de vivir la vida que han elegido.

EN SÍNTESIS

Uno de los elementos principales para lograr lo que quieres es tener la convicción de que lo mereces. Si a nivel subconsciente y consciente sientes que vales, un mayor número de tus necesidades y metas serán satisfechas. Una de las mejores formas de desarrollar el sentimiento de que uno vale es PIDIENDO.

PRETEXTOS O RESULTADOS

La pregunta fundamental es: "¿Eres feliz haciendo lo que haces?"

Imaginemos a un sujeto que aborrece su trabajo y su sueldo, que nunca viaja a donde quisiera; está solo, deprimido, nunca ha aprendido las cosas que te encantaría aprender, ni ha hecho lo que le gustaría hacer durante su breve estancia en este planeta.

¡Pero no le faltan pretextos para explicar por qué se encuen-

RAZONES DE MI DESGRACIA LA CULPA LA TIENEN:
• MIS POCOS ESTUDIOS
• EL GOBIERNO
• MI SALUD
• MIS VECINOS (ME ODIAN)
• MI ESPOSA (ME SACA DE QUICIO)
• MIS HIJOS
• LA HIPOTECA
• MIS PADRES
• MI EMPLEO
• TODO MUNDO (NADIE ME ENTIENDE)

TÚ TIENES LA CULPA

tra en esa situación! Ha preparado una lista mental. Le echa la culpa a su esposa, al gobierno, a sus hijos, a su signo zodiacal, a su jefe, a la situación económica, a su dolor de espalda, a su mala suerte, a su falta de estudios y a su cuñado. ¡Y aún hay más!

De alguna manera ha llegado a la conclusión de que si se tienen suficientes excusas y cosas a las que culpar, ser infeliz está bien. ¡NO! ¡NO! ¡NO! No está bien; en la vida se tienen pretextos o resultados. Hay quienes piensan que ambas cosas valen lo mismo. No es así.

Puedes elaborar una lista del largo de tu brazo, o del largo de tu calle. ¡No te servirá de nada! ¡Absolutamente de nada! Si no vives la vida que anhelas y no haces las cosas que realmente quieres hacer, los pretextos no van a compensar nada.

A nuestro alrededor observamos personas que triunfan contra toda probabilidad. Vemos gente sin estudios que logra el éxito y la felicidad, gente que hace dinero en la situación económica actual, personas con ocho hijos que viven vidas intensas y felices, personas que han rescatado sus matrimonios de las cenizas y que se han vuelto a enamorar. Ésta es la gente que nos enseña que solo los resultados cuentan. Son ellos los que han descubierto lo dicho por alguien hace mucho tiempo: "Yo le echaba la culpa al clima, ¡hasta que descubrí que la lluvia también cae sobre los ricos!".

La alegría que nos proporciona la vida es inversamente proporcional al grado en que culpamos a las circunstancias.

EN SÍNTESIS

No tienes más que una vida. Si te llevas a la tumba una interminable lista de "razones por las que no lo hice", lo único que querrá decir es que NO LA HICISTE.

CAPÍTULO 5

Aprender de la Creación

La música es el espacio entre las notas...

LEYES NATURALES

Existen leyes y principios universales que afectan nuestras vidas a cada momento. Por ejemplo, sabemos de la ley de gravedad. Si sueltas un saco de papas y te cae en el pie, pronto te viene a la memoria esa ley. También somos conscientes de lo que la gravedad causa en personas y casas añosas: se vencen y, a veces, se desploman. De igual manera admitimos que hay leyes que gobiernan la órbita de los planetas, el ciclo de las mareas y el cambio de las estaciones.

Si metemos el dedo en un *socket* nos hacemos particularmente conscientes de la electricidad. No la vemos, pero hay una poderosa evidencia que sugiere que existe. El magnetismo es otro ejemplo de cosas que aceptamos aunque no podamos verlas. Hay principios invisibles que contribuyen a modelar nuestras vidas.

"Si no lo veo, ¡no lo creo!"

Es sorprendente que muchas personas crean que todo en el universo es gobernado por leyes, salvo sus propias vidas y su propio éxito o fracaso. Entonces hablan de la suerte y la casualidad. Pues bien, resulta que eres parte del universo y que existen leyes que gobiernan tu vida, la luna, las estrellas y la hierba que crece en tu jardín. Tú eres una de las causas de lo que ocurre en tu vida. Tus propios pensamientos te hacen ser causa.

¿Qué es un pensamiento?

Los físicos afirman que el mundo no es realmente como se ve. Al reducir la materia a sus componentes más pequeños, encontramos átomos y partículas subatómicas. Estos trozos de materia, vibrando a una velocidad enorme, realmente son paquetes de energía. El mundo material está hecho de energía. En realidad nada es sólido, y la velocidad de la vibración de estos paquetes de energía determina si es un ladrillo o pasta de dientes. En términos sencillos, el mundo material sólido que crees conocer, es sólo una masa de energía vibrando a diversas velocidades.

¿Qué piensas que produce tu cerebro cuando piensas? ¡Energía! Vibraciones. Ahora bien, la ciencia señala que a cada acción corresponde una reacción opuesta de igual magnitud. De manera que cada vez que generas un pensamiento, con su muy particular vibración, produces una reacción o consecuencia. Debido a que diariamente generas aproximadamente cincuenta mil pensamientos, son numerosas las vibraciones que emites y las consecuencias que provocas. Lo que quiero establecer en este momento es que los pensamientos son ciertamente fuerzas. Estamos manejando energía.

Platón se refería a estas fuerzas cuando afirmó: "La realidad es creada por la mente. Podemos cambiar la realidad al cambiar nuestra mente". Marco Aurelio, el romano, escribió: "La vida del hombre es lo que de ella hacen sus pensamientos". La Biblia sentencia: "El hombre es aquello en lo que piensa todo el día".

A lo largo de la historia, los hombres sabios han hablado del poder de la mente.

(Por cierto, en este libro cito palabras y textos de muchas personas perceptivas. Mucho nos beneficia aprender de lo que otros han aprendido. En la vida tenemos la opción de oír el consejo de los ganadores o prestar oídos a los perdedores. Yo recomiendo lo primero, y creo que la filosofía y modo de pensar de los ganadores es elemento esencial de su éxito.)

En cuanto a estos principios universales, he de admitir que en ocasiones parece haber excepciones a la regla. Sin embargo, existe un orden en este complejo planeta, y el hecho de tener algún conocimiento de las leyes que en él operan hará que nuestra estancia sea menos complicada y más feliz.

Siempre habrá quienes digan: "¡Nada sirve, nada importa, nada cambia nada, y la vida es una porquería!". ¡Evaluemos la calidad de la vida de estas personas antes de inscribirnos en su club! En mis conferencias sobre desarrollo personal, algunas personas asumen la siguiente actitud: "Yo sé que nada de esto sirve porque nunca lo he intentado". Primero lleva a la práctica las ideas que se proponen en este libro y después obtén tus conclusiones.

Muchos de los conceptos que se manejan en este libro no son nuevos para ti. Espero que consideres con amplitud de criterio las ideas que tienden a engrandecer tu sistema de creencias y que te abras a posibilidades que acaso aún no has comprendido del todo. Probablemente cuando éramos niños creíamos que la Tierra era plana. Cuando se nos ofreció mayor información sobre el tema, estábamos preparados para cambiar de idea. Es ésta la actitud con la que espero acojas los conceptos aquí expresados. No creas nada solamente porque está escrito aquí. Realiza tu propia evaluación.

APRENDER DE LA CREACIÓN

Tú eres parte del Universo, como las estrellas y los árboles; tienes derecho de estar aquí. Aunque lo percibas o no, el Universo se despliega como debe desplegarse...

Desiderata

Somos parte del Universo y nos gobiernan leyes, como a todo el Cosmos. Necesitamos mantener un equilibrio, como lo mantiene el resto de la Naturaleza. Toma tiempo crecer y toma tiempo sanar. La vida siempre se mueve en ciclos, pues tal es la ley universal. Necesitamos tiempo para descansar y recuperarnos, al igual que el resto de los seres vivientes.

TODO TOMA TIEMPO

La Naturaleza siempre toma su tiempo. Los enormes robles no crecen de la noche a la mañana. Además pierden muchas hojas, ramas y corteza antes de erigirse en gigantes. Tampoco los diamantes se forman en una semana. Todo lo de valor, belleza y majestad, demora en llegar a serlo.

Lo mismo ocurrirá con nuestro propio crecimiento y desarrollo. Toma tiempo obtener seguridad en uno mismo, desarrollar un cuerpo saludable o adquirir buen aspecto. Toma tiempo establecer un negocio o lograr la independencia económica. En el mundo real, ocurren muy pocos éxitos de la noche a la mañana.

CICLOS

Tan cierto como que la Tierra gira alrededor del Sol y que el invierno precede a la primavera, es de que nuestra vida se desarrolla en ciclos. De modo que siempre habrá tiempos fáciles y tiempos difíciles, con la misma inexorabilidad con que una estación sigue a la otra. Uno de los grandes retos de la vida es enfrentar el invierno, mientras esperas que mejoren las cosas.

Las cosas habrán de mejorar. Siempre es así. El problema es que mucha gente se rinde y regresa a casa demasiado pronto. La marea siempre baja.

DESCANSO

La Naturaleza descansa de vez en cuando. La tierra necesita descansar; las serpientes y los osos hibernan; incluso los peces duermen con los ojos abiertos. Aprendamos de estas cosas. Necesitamos descansar, repasar, ponderar, ser.

Si llegas a la conclusión de que eres indispensable y que siempre tienes que estar al pie del cañón, vive, pues, de esa manera. La creencia de que no puedes jamás descansar será tu realidad hasta el momento en que decidas otra cosa.

Cuando hacemos del descanso parte de nuestro estilo de vida, nos sucede como a la tierra, que cuando se trabaja de nuevo produce mucho más. Habiendo establecido la función del descanso, puedo afirmar que los seres humanos fuimos diseñados para el trabajo y la actividad. Rohn dice: "Toma el descanso como una necesidad, ¡no como un objetivo!"

AMOR

He aquí algunos pensamientos sobre el amor (¿cómo hacer justicia al amor en unos cuantos párrafos?):

¿Te has preguntado por qué queremos tanto a los bebés?

Los queremos porque son libres y vulnerables a la vez. Al extender sus brazos y mirarnos a los ojos, nos dicen: "Quiéreme. Te necesito; no puedo sobrevivir yo solo".

A medida que crecemos, muchos llegamos a pensar que debemos fingir autosuficiencia. Aparentamos. Tal vez pensamos: "Yo estoy bien, no tengo problemas, soy duro como la roca, puedo manejar las cosas", aunque por dentro sintamos temor, soledad y el anhelo de que alguien nos escuche.

Existe una consigna por ahí que señala: "Niega que eres vulnerable o que te sientes solo, o lucirás débil". Y agrega: "Niega cómo te sientes en realidad, o abusarán de ti". Muchas veces esa consigna opera al revés. Si somos abiertos y sinceros, la gente lo nota y nos aprecia por ello. Los problemas surgen al fingir que estamos bien.

Irónicamente quienes ansiamos con mayor desesperación el amor, somos quienes más aparentamos no necesitarlo. Cuando en el interior de nosotros mismos nos sentimos débiles y solitarios, nos esmeramos por demostrarle al mundo que todo marcha bien.

El amor no es una euforia interminable. El amor es fuerza y compromiso. Amar a alguien puede significar decirle lo que no quisiera escuchar.

El amor es valor, y se necesita mucho más valor para decir: "Tengo miedo" o "te quiero", que para cubrir con una manta a alguien que duerme.

El amor es respeto a nosotros mismos y a los demás. Es querer a las personas a pesar de su carácter. Si decimos: "Te querré cuando hayas hecho tal cosa", eso no es amor; es manipulación.

Amor es buscar el lado positivo de la gente; si logramos hacerlo todo el tiempo, nuestra dicha está asegurada. Debido a que nuestra vida es un reflejo de nosotros mismos, mientras más amor y belleza captamos, más nos desarrollamos y logramos cosas. Por eso —para los seres humanos— EL AMOR LO ES TODO.

APRENDER DE LOS NIÑOS

P odemos aprender bastante de los niños. Casi todos tenemos la fortuna de conocer de cerca la magia de la niñez veinte o treinta años después de haber sido niños. Si nuestros hijos tienen niños, recibiremos aún más lecciones.

Parecería que muchos padres conciben el proceso de aprendizaje como una calle de un solo sentido. Pienso que les convendría dedicar más tiempo a aprender de sus niños, y menos a enseñarles.

Los niños saben pasarla bien, mucho más que la mayoría de los adultos. Los niños saben reír. No necesitan gran cosa para reírse. A veces no necesitan nada. Ellos ríen porque les agrada la sensación. ¿Ya cubriste hoy tu cuota de risa?

Los niños son deliciosamente espontáneos. No analizan ni elucubran cosas. Simplemente se mantienen ocupados siendo ellos.

Los niños siempre viven fascinados. Son curiosos. Una piedra, un escarabajo o un charco, es una fuente de asombro para un niño. Todo es una experiencia nueva y emocionante. Los adultos nos desconectamos y ya no entendemos de rocas, insectos, charcos ni ratones. Aún podríamos aprender mucho de estas cosas, pero el problema es que, al llegar a la edad adulta, olvidamos cuán mágico es este planeta.

Los niños aceptan abiertamente. No tienen prejuicios. Les

gustas rico o pobre, blanco o negro. Los niños no se escandalizan por ideas políticas o religiosas. A los niños no les preocupa demasiado bañarse o no bañarse. Te aceptan a ti. Aceptan las circunstancias hasta el día en que aprenden a no hacerlo. ¿Cuándo has oído a tus niños quejarse del clima? No lo hacen. Saben por intuición que tienen que adaptarse al curso de las cosas.

¿No es cierto que a todos petrifica y deleita la honestidad de los niños?: "¿Por qué estás tan viejo?", "¿Ya te vas a morir?", "¿Por qué le pegas a la mesa?", "El papá de Johnny siempre se ríe, ¿por qué tú no?".

Los niños tienen una gran capacidad de recuperación psicológica y una enorme determinación. Si quieren algo, no se dan por vencidos. Por eso los oímos insistir: "¿Me compras un helado?", "¡Quiero un helado!", "A Johnny sí le compran helado". Su perseverancia es digna de admirarse y soportarse. Si los vendedores de seguros se capacitaran en un jardín de niños, ¡probablemente el noventa y ocho por ciento no claudicarían en los primeros doce meses! Sencillamente, los niños perseveran.

Cuando aprendías a caminar, perseverabas en tu empeño una y otra vez. Te caías y te levantabas. Te ibas de bruces y volvías a incorporarte. ¡Al final aprendiste a caminar! ¿Aún posees ese tipo de determinación?

Como dije antes, la imaginación de los niños es enorme. Les permite aprender, retener y desarrollarse a toda prisa.

EN SÍNTESIS

Dedica una buena parte del tiempo a convivir con los niños. Aprende más sobre tu propia espontaneidad, curiosidad, aceptación, capacidad de recuperación psicológica, fe, determinación e imaginación ¡Ellos están para enseñarnos!

MANTENTE ACTIVO

El principio que denomino "Mantente activo" se relaciona con la ley de "usarlo o perderlo". La Naturaleza nos ilustra claramente sobre lo que sucede cuando algo o alguien se estanca. Un río que deja de moverse, se pudre. Lo mismo ocurre a las personas que dejan de moverse, ya sea física o mentalmente.

Quienes practican deportes de contacto saben que, generalmente, el jugador que sale más lastimado es el que se queda

estático. La gente de negocios sabe lo mismo: **detén tus acti-vidades algún tiempo y te arruinas.** Naturalmente, de cuando en cuando tendrás que parar un momento y recuperar el aliento, pero la moraleja es: "No dejes de moverte, expanderte y apren-der".

Los barcos se conservan mejor si navegan que si permanecen en puerto. Lo mismo ocurre con los aeroplanos.

También nosotros viviremos una vida más larga y saludable si nos mantenemos "en servicio".

Las estadísticas sobre longevidad muestran que las personas no viven mucho tiempo después de retirarse. Moraleja: "¡No te retires!". Si alguien te dice: "Tengo noventa y cuatro años y he trabajado toda mi vida", debes saber que por eso llegó a los noventa y cuatro: porque se mantuvo en actividad.

George Bernard Shaw ganó el Premio Nobel casi a los setenta años de edad. Benjamín Franklin produjo algunos de sus mejo-res escritos a los ochenta y cuatro. Pablo Picasso seguía pintando después de los ochenta.

Conocí a una señora en Adelaide, Australia del Sur, que nunca había practicado un deporte. ¡A los setenta años de edad fundó un club de bádminton para personas mayores de sesenta! Ahora tiene ochenta y dos años y sigue jugando dos veces por semana.

Una ganancia adicional que nos brinda el hecho de mantenernos activos es que nos permite alejarnos de las preocupaciones. De esta manera evitamos la temida "parálisis por análisis".

EN SÍNTESIS

En la actividad hay alegría y plenitud. Mantenernos activos constantemente nos mueve a tomar la iniciativa y participar.

SE USA O SE PIERDE

Lo que no usamos, se deteriora, se pierde. Es particularmente sencillo confirmar este principio en nuestros propios cuerpos. Si decides pasar tres años en silla de ruedas por la única razón de que te gusta estar sentado, al término de ese tiempo no podrás caminar. Si dejas de utilizar las piernas, te dejarán de funcionar.

Lo mismo ocurre con las destrezas que hayas adquirido. Si dejas de tocar el piano un año, pierdes práctica. Si dejas de usar tu imaginación creativa, se evapora. Hemos sido creados para mantenernos involucrados en todas nuestras actividades. No dejes de practicar el arte de vivir.

Además, cuando luchas por ser mejor, te conviertes en una persona más valerosa. ¡Nadie adquiere valentía encerrándose en su recámara para hacer acopio de valor! Desarrollamos fuerza poniéndonos a prueba constantemente.

Las cosas no deben dejar de importarnos. Existe el peligro de que nuestra conciencia se desconecte. Si pensamos: "Nada tiene importancia", estamos buscando problemas. Las prisiones y los manicomios están llenos de individuos a quienes todo dejó de importarles; personas que se las han arreglado para desconectar sus sentimientos hasta que no les queda nada. Las cosas sí tienen importancia.

Necesitamos utilizar nuestra mente para mantenernos en forma. No hay razón por la que debiéramos ser cada vez menos capaces al paso de los años. Si seguimos usando nuestra capacidad mental al máximo, nuestra mente seguirá funcionando.

El mismo principio se aplica al dinero. El dinero es para gastarse. Necesita circular. Las personas que ganan mucho dinero reinvierten su capital, usan lo que poseen, corren riesgos. ¡Nadie se hace millonario juntando centavitos debajo de la cama!

EN SÍNTESIS

En todo momento la Creación nos exige que nos involucremos en todas las esferas de nuestra vida ¡La ley de usar o perder es maravillosa! Nos brinda el incentivo de la práctica, y al practicar nos superamos. Se usa o se pierde. Si no le sacamos partido a lo que tenemos, lo perderemos.

SERENIDAD Y DESAPEGO

¿**H**as observado lo que sucede cuando te esfuerzas excesivamente por recordar algo, por pegarle a la pelota de cierto modo o por resolver un problema? Jamás obtienes los resultados deseados.

En cuanto a la búsqueda y solución de problemas, la mayor parte de las personas advierten que sus mayores éxitos ocurren cuando se hayan ocupadas en actividades que les hacen relajarse naturalmente. Por ello las grandes ideas brotan en la regadera, en la tina de baño, en la cama; sitios donde estamos relajados.

Para entender el ángulo científico diremos que, al relajarnos, los ritmos mentales adquieren una modalidad más lenta, que nos hace mucho más capaces y creativos. En este estado los resultados llegan fácilmente. Al bañarte con agua caliente, te relajas de manera natural. Lo mismo sucede en la cama ¡Por eso se te ocurren tantas cosas mientras duermes!

Por supuesto, el relajamiento físico es igualmente importante para desempeñarse al máximo. Al relajar el físico, todo el metabolismo se equilibra; baja la presión sanguínea, la respiración se hace profunda y apacible y los órganos internos funcionan armónicamente.

El mismo cuadro se repite a otras escalas. Logramos los mejores resultados en la vida cuando aprendemos a integrarnos al ritmo natural de las cosas. Esto significa encontrar ese equilibrio frágil y elusivo entre esfuerzo y relajamiento, entre apego y desapego. ¡No es fácil lograrlo!

Una vez más dejemos que la Naturaleza nos oriente. Las aves y los animales trabajan, pero no lo hacen noche y día. Saben cuándo han hecho lo suficiente. ¡Trata de convencer a un gorrión de que trabaje horas extras! Los gorriones saben cuándo hay que parar. También los osos, las ranas, los venados y las zarigüeyas. Los animales saben muchas cosas que nosotros solo entendemos a medias.

Incluso la tierra tiene que descansar de cuando en cuando. ¡Si no se lo permitimos, nos metemos en aprietos! A veces sucede que sembramos frijoles en el mismo terreno durante veintitrés años, atestamos la tierra de químicos para que siga produciendo, y después nos preguntamos por qué los frijoles saben peor que el fertilizante. Todo necesita descanso. Todas las cosas requieren de tiempo a fin de regenerarse, como la ola y la resaca.

Benjamín Hoff escribió un libro magnífico, *El Tao de Pooh*, en el que interpreta la filosofía oriental del "Tao" desde la óptica intuitiva de Pooh, el querido "osito bobo". Hoff sugiere que podemos aprender mucho de la filosofía simple, abierta, desembarazada de Winnie Pooh: "Mientras que Eyeore se agita, el Cochinito titubea y la Lechuza pontifica... Pooh simplemente ES".

EL CURSO DE LAS COSAS

Hoff escribe:

*Cuando aprendemos a obrar según nuestra propia naturaleza
interna y según las leyes que nos rodean, alcanzamos el nivel de
Wu Wei. Entonces obramos conforme al orden natural de las
cosas y operamos bajo el principio del esfuerzo mínimo. Puesto
que el mundo natural sigue ese principio, éste es infalible. Los
errores los hace —o los imagina— el hombre, esa criatura de
cerebro sobrecargado que, interfiriendo o afanándose exageradamente, se separa a sí mismo de la red de apoyo de las leyes
naturales.*

Nos encanta Pooh porque no se afana exageradamente. Vive
el presente. Simplemente es.

DESPRENDERSE DE LAS COSAS

La felicidad y la libre manifestación se afirman si nos despren-
demos de los resultados finales; si nos esforzamos por llegar a la
meta sin dejarnos aprisionar por ella.

Nos encanta la gente que no se preocupa por impresionar a los
demás. Se desprenden de todo afán de ser amados, y por eso
mismo automáticamente reciben afecto.

La gente de dinero empieza a ganarlo ¡cuando deja de esfor-
zarse por ello! En otras palabras, descubren algo que les encanta
hacer y la riqueza fluye automáticamente. Tienen dinero porque
no se apegan a él. Alguien podría decir de una persona económicamente exitosa: "Cerdo avaricioso. ¡Tiene diez millones de
dólares y sigue trabajando!".

El hombre sigue trabajando porque disfruta al enfrentar el reto
que ello implica más que el dinero mismo. ¡Por eso es rico!

En cierto sentido, tenemos que privarnos de algo a fin de
poder obtenerlo. Una vez que podemos desapegarnos, nos

encontramos en una posición que nos permite tener mayores posibilidades de éxito. Los triunfadores en los negocios saben que la única manera de lograr un trato exitoso es "dejarlo ir", es decir, desapegarse emocionalmente.

Una vez que el trabajo ha sido realizado, los resultados llegan a su momento. Si plantas unas semillas de tomate, y cada veinte minutos las revisas para observar si ha pasado algo, ¡no te servirá de nada! Necesitas relajarte. Adaptarte al curso de las cosas.

EN SÍNTESIS

Adaptarse al curso de las cosas, tomar las cosas con calma y sabiduría es tan importante como la actividad misma. Como dijo Claude Debussy: "La música es el espacio entre las notas".

CAMBIO

Nada perdura sino el cambio
Heráclito

Aquí el romano nos recuerda que la Creación es cambio. Las estaciones van y vienen. Nada permanece igual. Aunque esto es obvio, en ocasiones parece olvidársenos, y por ello padecemos muchos sufrimientos y desilusiones innecesarias. Preguntamos a nuestra pareja: "¿Por qué no puedes ser como eras hace un año?". Regresamos al sitio de nuestras anteriores vacaciones y nos lamentamos: "¡Así no estaba la ocasión anterior!". ¡Por supuesto que así estaba! Compramos pan y nos quejamos: "Le subieron ocho pesos". Por supuesto que sí.

Las cosas cambian. La vida es dinámica. Eso es lo que la hace tan bella e impredecible. Los cambios nos nueven a la acción.

EN SÍNTESIS

Los budistas señalan: "...todo sufrimiento de la humanidad es producido por apego a una condición previa de existencia". Al eliminar las expectativas de que el futuro deba ser una continuación del pasado, aseguramos una mayor paz mental.

DÉJALO IR

Debido a que las cosas cambian constantemente, necesitamos una saludable actitud que nos permita desprendernos de lo viejo y acoger lo nuevo. Siempre una cosa sustituye a otra. Al deshacernos de lo viejo e inútil, creamos un vacío y atraemos hacia nosotros cosas nuevas y emocionantes.

Cuando nos aferramos a lo viejo y anticuado, nos bloqueamos, nos estancamos. Esto se aplica a los hábitos, ropas viejas, basura en el armario, en el ático, en el garage, etcétera.

Debemos estar preparados para permitir que las cosas nos abandonen. Si has amado a otros y nunca dejas que se vayan de tu mente, nadie vendrá a sustituirlos. Al momento en que verdaderamente renuncias a estas personas, dejas que desaparezcan y consideras nuevas posibilidades.

Nuestro organismo en un buen ejemplo. Aparte de la piel que se renueva por completo, el cuerpo tiene no menos de seis maneras de eliminar materia no deseada ¡Si nuestro cuerpo no eliminara materia, seríamos una zona de desastre! Desde ese mismo punto de vista, tenemos que eliminar aquello que desde el punto de vista mental ya no nos sea útil.

EN SÍNTESIS

Para crear un curso de vida saludable, despréndete de todo lo que no quieres, no usas y no necesitas. Además de sentirte liberado, advertirás que, como un imán, atraes nuevas cosas hacia ti.

¿QUÉ TANTO ENTENDEMOS EN REALIDAD?

Si crees que entiendes todo lo que ocurre, estás perdidamente confundido
   Walter Mondale

Hablando lógicamente, ¿cómo atraemos a nuestras vidas aquello en lo que pensamos? ¿Cómo atraemos lo que tenemos?

¿Dónde realmente está el subconsciente y cómo se explica su efecto? Si pienso en la salud e imagino mi cuerpo sano, ¿en qué estriba la diferencia? ¿Cómo se puede explicar lo de sembrar y cosechar? ¿Por qué mis pensamientos afectan mi prosperidad?

Hasta aquí hemos tratado sobre dichos principios y muchos otros. Reconocer que existen es una cosa; entender cómo son, un asunto totalmente distinto. ¡Nadie puede explicar cómo funcionan! La ciencia no lo puede explicar (¡De hecho, la ciencia generalmente no explica gran cosa!).

La ciencia describe lo que ocurre. La ciencia pone etiquetas a las cosas. En la escuela aprendemos a ponerles etiquetas a las cosas y, si no tenemos cuidado, podemos engañarnos y creer que sabemos lo que está pasando en este planeta. Contamos con palabras como "instinto", "magnetismo", "gravedad" y "fotosíntesis" para describir fenómenos, pero la realidad es que no entendemos estas cosas. Los científicos más brillantes e iluminados siempre lo han admitido. Como Einstein dijo: "Mientras más sé, más me doy cuenta de que no sé".

¡Te has pasado toda tu vida coexistiendo con principios y fenómenos que no comprendes! Realmente no sabes cómo funciona tu sistema digestivo. ¿Sabes cómo digieres una papa al horno? ¡No! Simplemente te la comes. Tu organismo se encarga de lo demás. ¿Qué es lo que impide que te asfixies con la almohada por la noche? ¿Qué hace tu mente para despertarte cuando estás dormido?

Cuando te provocas una herida ¿cómo se las arregla tu organismo para unir las células en su sitio? ¿En qué momento la costra se forma, y cuándo se desprende? Todo ocurre ¡como por arte de magia! ¿Acaso el moretón del codo sana con mayor rapidez si eres un "conocedor" de la histología y la hemoglobina? ¡No!

El hecho es que estas funciones del organismo trabajan para nosotros, y lo han hecho desde que el hombre es hombre. ¿No te parece maravilloso?

La lógica no nos ayuda a entender más. Superficialmente puede parecer claro, pero a un nivel mucho más profundo se nos terminan las explicaciones intelectuales.

La ciencia afirma que el Universo se expande a la velocidad de la luz. Ahora bien, suponiendo que así fuera, ¿hacia dónde se expande? ¿Hacia un espacio que ya existe o a uno que no existe? En cualquier caso, ¿qué tan lógico es el asunto? O suponiendo que no se expanda —o incluso si es verdad que se expande— ¿qué hay al final del Universo? ¿Una cerca? ¿Cómo se sabe dónde queda el final del Universo?

¡No podemos abrigar esperanzas de siquiera empezar a entender todas las cosas que ocurren a nuestro alrededor y dentro de nosotros mismos! No podemos explicar todo en términos lógicos. Casi todo mundo está de acuerdo conmigo en esto.

Sin embargo, cuando les señalo que su mente es como un magneto y que ellos atraen circunstancias, buenas o malas, como resultado directo de sus pensamientos positivos o negativos, me responden: "Suena lógico", ¡y después desean que les explique cómo ocurre!

¡No se puede explicar científicamente!

A ciertas personas les resulta difícil creer que el hecho de formar en la mente imágenes de buena salud, pueda influir directamente en el proceso curativo del cuerpo. Tienden a decir: "¿Cómo voy a poder hacer eso? Yo no sé cómo funciona mi cuerpo ¡no soy doctor!". ¡Tampoco tienes que ser doctor para ir al baño! ¿No es maravillosa la manera en que funcionan las cosas?

También existen personas a quienes les resulta difícil creer que los ensayos mentales mejoran dramáticamente el desempeño. Mientras tratan de entenderlo, otros lo aprovechan y obtienen resultados positivos.

EN SÍNTESIS

Si llegas a la conclusión de que tendrás que entenderlo todo antes de servirte de algo, vas a esperar un buen rato ¡Incluso para comer otra vez! Nuestra mente es un milagro. Su capacidad de penetrar en todo lo que nos rodea —y producir resultados— rebasa por completo nuestro entendimiento.

¿En qué momento deja de obrar nuestra mente e interviene Dios? Esa interrogante rebasa los límites de este libro.

He aprendido que si aceptamos y usamos lo que tenemos, podemos beneficiarnos enormemente. Que otros traten de entenderlo. Nuestra meta es ir en pos de resultados.

TÚ DAS A LA VIDA SU VALOR

"Nada es importante para quien dice que nada importa."
Lin Yutang

La vida en sí misma, a mi modo de ver, no tiene valor. El solo hecho de que estemos aquí no quiere decir que nuestras vidas valgan algo. Nosotros decidimos si nuestra estancia en este planeta es privilegio y alegría, o una sentencia de infelicidad y desesperación.

Si Fred está al borde del suicidio y piensa: "¿Qué objeto tiene todo? ¡No vale la pena luchar!", quiere decir que ésa es la realidad de Fred, la realidad que él ha creado. Y por lo tanto su vida vale poco.

No hay mucho que podamos hacer para que las cosas cambien para Fred. ¿Qué hacer para que él se entusiasme por la vida si no quiere ser feliz? Caminar por la playa puede exaltarte, puedes conmoverte ante la exquisita elegancia de un gato, puedes sentirte fascinado por el sabor de una fruta al deshacerse en tu boca. Todas estas cosas también están a disposición de Fred, pero de él depende entenderlo o no.

Cada quien decide si enfoca su conciencia para que cada caminata en el campo, cada regaderazo caliente, cada manzana que comemos, cada conversación que entablamos, cada viaje en el automóvil, resulte una nueva experiencia, y no una repetición de hechos pasados.

La vida no es aburrida. Sólo hay gente aburrida que mira al mundo a través de cristales empañados y sucios. Muchas personas mueren a los veinticinco y son enterrados a los setenta. Para mí es un misterio que algunas personas vean magia y belleza por doquier, mientras que otras permanezcan inconmovibles.

EN SÍNTESIS

Independientemente de cuánta belleza y magia hayas disfrutado hasta este momento, puedes disfrutar aún más a partir de hoy. ¡Tú decides!

CAPÍTULO 6

EL DÍA DE HOY ES IMPORTANTE

EL DÍA DE HOY ES IMPORTANTE

Una caminata de mil millas empieza con un pequeño paso
Lao-tse

Te encuentras en el sitio al que te han conducido tus pensamientos y acciones en los últimos años. Lo que hagas hoy influirá en la posición que tengas los próximos diez o veinte años. Tus amigos, tu familia, tu trabajo, tu cuenta bancaria, el lugar donde vivirás.

La vida es un proceso de construcción. Las actividades que desarrollas hoy afectarán tu posición del mañana. La vida no transcurre en compartimientos de veinticuatro horas herméticamente sellados. Los esfuerzos de hoy generan los resultados de mañana. Ya sea que elimines un hábito indeseable, que dediques una hora a tu familia, que te fijes algunas metas, que ahorres o gastes, que practiques algún ejercicio, o que expandas tu mente; la diferencia estriba en lo que tú decidas.

Los ignorantes jamás lo advierten. Los astutos lo saben. Lo que hacemos hoy ES importante.

Puedes ser desidioso y descuidado por una temporada, pero tarde o temprano serás alcanzado por el curso de las cosas. Si dejas tus deudas sin pagar, suspendes tu trabajo y turnas tus problemas a los demás, puedes salir bien librado un mes, por

decir algo. Pero llegará el día en que todo se desplome y entonces te preguntarás por qué no hay alegría en el trabajo ni dinero en el banco y por qué ya nadie te trata amigablemente. Es la vida recordándote que un día más otro día producen un efecto acumulativo.

EN SÍNTESIS

Dondequiera que estés, es desde donde tienes que empezar. La diferencia del mañana estriba en el esfuerzo de hoy.

Esta edición se imprimió en Julio de 2008. Grupo Impresor
Mexicano. Av. Río Frío No. 35 México, D.F. 08510